"En *La sensatez de creer*, Simon Edwards pone su mente despierta, su rápido ingenio y su formación jurídica para tratar la cuestión de si existen o no razones de peso para encontrar sentido y esperanza en la fe cristiana. Basándose en la historia, la filosofía, la literatura y en otras disciplinas, sus ágiles ideas vienen envueltas en una generosidad de espíritu que te hace sentir que seguiría siendo tu amigo, aunque no estuvieras de acuerdo con cada una de sus palabras. Se trata de un análisis vivo, fresco y reflexivo de la fe cristiana. Muy recomendable".

Sheridan Voysey, presentadora del programa de la BBC Radio 2 "Pause for Thought" (Un momento para pensar), y autora de *The Making of Us: Who we can become when life doesn't go as planned* (Cómo llegamos a ser lo que somos: en quiénes podemos convertirnos cuando la vida no nos va según lo previsto).

"Quienquiera que esté interesado en cuestiones relacionadas con el sentido, el significado, la bondad, la verdad, la esperanza, el amor o el sufrimiento encontrará en este libro de muy fácil lectura las útiles reflexiones de un compañero de viaje. Escrito por un talentoso pensador con formación en Derecho y Teología, Simon Edwards comparte lo que ha descubierto en su propio viaje, a medida que ha ido encarando y resolviendo cuestiones difíciles, buscando la verdad basada en pruebas creíbles. Siguiendo el legado de C. S. Lewis, se dirige al ciudadano de a pie de una manera tan humilde, respetuosa e intelectualmente atractiva que da gusto leerlo".

Thomas Tarrants, Presidente Emérito del *C. S. Lewis Institute*.

"Provocador y apasionante. Este libro te invita a una fe con sentido".

Rev. Canon Yemi Adedeji, escritor, pastor, conferenciante y director de la *One People Commission at Evangelical Alliance UK*.

"¿Cuál es el propósito de la vida? ¿Dónde podemos encontrar sentido y significado? ¿Cómo encontrar esperanza en medio del sufrimiento? Son solo algunas de las preguntas que todos nos hacemos en algún momento de la vida. ¿Cómo navegar por ellas y encontrar respuestas en las que poder confiar? En este libro extraordinariamente útil, Simon Edwards se basa en su propia historia personal batallando con estas preguntas para mostrar por qué la fe cristiana y el mensaje de Jesús ofrecen las respuestas más convincentes a los interrogantes más profundos de la vida. Bella y atractivamente escrito, bien investigado, divertido, conmovedor y, a veces, muy personal, *La sensatez de creer* muestra por qué realmente la fe cristiana tiene sentido. Tanto si eres alguien que busca como un escéptico, o simplemente alguien que quiere seguir el consejo de Sócrates y no vivir sin examinar

las cosas, este libro te ayudará en tu búsqueda no solo de la verdad, sino también de la vida en toda su plenitud".
Andy Bannister, escritor, conferenciante y director del *Solas Centre for Public Christianity*.

"Simon Edwards nos ha hecho un gran favor al escribir *La sensatez de creer*. Ha recurrido a las profundidades de la comprensión humana -la ciencia, la historia, la filosofía, las Escrituras y la experiencia- para ofrecernos algo que es a la vez claro y refrescante. Da gusto leer su estilo aparentemente sencillo y su amplia argumentación a favor de lo razonable de la fe cristiana es convincente y satisfactoria".
D. John Dickson, autor, historiador y Miembro Distinguido en *Public Christianity*, Ridley College.

"Mucha gente cree que el cristianismo es irracional e irrelevante para la vida real. Simon Edwards, en su libro brillantemente escrito, muestra por qué tal cosa no podría estar más lejos de la verdad. El *Solas Centre for Public Christianity* aborda las cuestiones espirituales de este momento cultural de un modo único y encantador apelando a la razón y a la historia, así como al humor y a los altibajos de la vida cotidiana. Si no está Vd. seguro de lo que cree, este es su libro. Si lo está, este libro es de lectura obligada. Regáleselo también a sus amigos".
Sharon Dirckx, autora y conferenciante, OCCA, *The Oxford Centre for Christian Apologetics*.

"Simon Edwards nos invita a explorar las cuestiones últimas de la vida como una aventura. Argumentado con fuerza y escrito con gusto, es un libro para los de mente abierta y para los escépticos dispuestos a ser más abiertos".
Os Guinness, autor de *Long Journey Home: A thinker's guide to the search for meaning*

"Este libro le ayudará a plantearse las preguntas adecuadas sobre la vida y su propósito".
Rev. **Les Isaac OBE**, fundador y CEO, *The Ascension Trust*.

"Hoy en día, Dios es el gran desconocido. Mucha gente rechaza a un Dios que no es más que el fruto de su imaginación. Simon Edwards desvela a este Dios desconocido presentando un sólido argumento a favor de la credibilidad y lo cabal de la fe cristiana. Escrito con la precisión de un jurista y la pasión de un enamorado, *La sensatez de creer* invita a la reflexión y enternece el corazón. Proporciona agua fresca en un mundo seco tanto a los que buscan como a los que creen, el agua que satisface nuestra sed de sentido y significado, la sed de Dios".

Pablo Martínez, psiquiatra y coautor de *Mad or God: Jesus, the healthiest mind of all.*

"Dicen que un buen libro es a la vez un argumento y una historia. Simon Edwards ofrece ambas cosas a quienes aprecian una discusión bien documentada de por qué la fe cristiana tiene sentido. Escrito en un estilo accesible, este libro invita al lector a considerar las proposiciones fundamentales de la fe. De lectura atractiva, argumentada de forma convincente con la habilidad de un narrador, el libro se basa en una amplia variedad de temas para construir el tópico de que la fe en Cristo realmente importa en nuestros tiempos difíciles".

Rev. Dra. Sharon Prentis, Facilitadora de Misiones Interculturales y Decana de Asuntos de Negros, Asiáticos y Minorías Étnicas, Iglesia de Inglaterra, Birmingham, Reino Unido.

"Qué lectura tan fascinante. Sinceramente, ¡hubo momentos en los que me pareció estar leyendo a C. S. Lewis! Simon Edwards aúna la claridad de una mente con formación jurídica, un enorme dominio de las ideas teológicas y culturales y la franqueza de un australiano. Le aseguro que, a medida que lo lea, se le irá encendiendo la luz".

Rico Tice, Ministro Principal, All Souls Church, Langham Place, Londres, y co-autor de *Christianity Explored.*

La sensatez de creer

Por qué la fe tiene sentido

SIMON EDWARDS

Editorial CLIE
www.clie.es

EDITORIAL CLIE
C/ Ferrocarril, 8
08232 VILADECAVALLS
(Barcelona) ESPAÑA
E-mail: clie@clie.es
http://www.clie.es

LA SENSATEZ DE CREER
ISBN: 978-84-19779-19-9
Depósito legal: B 7162-2024
Filosofía / Religión
PHI022000

Acerca del autor

Simon Edwards es cristiano, marido y padre de tres hijos. Nacido y criado en Australia, trabajó como abogado antes de trasladarse al Reino Unido para estudiar en el OCCA The Oxford Centre for Christian Apologetics y, más tarde, en la Universidad de Oxford. Ahora es escritor y ponente en el OCCA y habla con regularidad en el Reino Unido y en el extranjero en conferencias, iglesias, escuelas, lugares de trabajo y universidades.

Dedicado a
mi bella esposa y compañera de aventuras,
Natasha

Índice

Introducción

Sin aventuras, la vida es aburrida. Y hay quien dirá que las mejores aventuras son las de la fe, aquellas en las que lo azaroso entraña cierto riesgo.

Cuando era más joven, me gustaban las aventuras, aunque a veces era muy imprudente, como suelen ser los jóvenes. Por ejemplo, cuando decidí impulsivamente convertir una excursión por la montaña en la escalada de un acantilado de 90 metros sin comprobar antes si había asideros (tuvieron que rescatarme), o cuando salté de un precipicio al agua de una cantera sin tener en cuenta la altura (los pies quedaron tan magullados que no pude andar durante días), o cuando intenté hacer una voltereta hacia atrás sobre cemento mojado (años más tarde una radiografía reveló que tenía una fractura en el cuello).

Ahora, mirando atrás, estas cosas no fueron tanto aventuras de fe como aventuras estúpidas. La diferencia entre una aventura de fe y una aventura estúpida es que la primera se basa en la razón y la realidad, mientras que la segunda se basa en la ignorancia o el error.

A modo de ejemplo, muchas personas se alistan en el *Special Air Service* (SAS) o en los *Navy Seals* porque tienen ganas de aventura, y una de las cosas que hay que aprender en las fuerzas especiales es a saltar en paracaídas. Hay mucha gente que diría que hay que estar loco para saltar de un avión en perfecto estado, pero según las fuerzas especiales, el paracaidismo no es ni un ejercicio estúpido ni loco. Y es que, por aterrador que resulte, el paracaidismo se basa en la realidad. Se trata de un método bien pensado y de eficacia probada para descender de forma segura desde la parte trasera de un avión hasta un punto predeterminado del suelo. Resumiendo, funciona, y por eso lo utilizan las fuerzas especiales.

Pero solo porque funcione y esté probado no significa que no haga falta fe para saltar. Hay que superar una buena dosis de miedo y de instinto de supervivencia para confiar en el paracaídas y en el entrenamiento, y saltar finalmente del avión. Pero, una vez más, es una confianza razonable porque está basada en la realidad y la experiencia. Saltar sin paracaídas sería una insensatez, mientras que saltar con paracaídas es una aventura de fe. Da miedo, desde luego. Pero es una fe razonable.

No podemos andar por la vida sin fe. Sin darnos cuenta, depositamos nuestra fe o confianza en todo tipo de personas (amigos, familiares, médicos, profesores, químicos, mecánicos, pilotos, famosos de YouTube) y en todo tipo de cosas (sillas, pastillas, libros de texto, autobuses, chalecos salvavidas, semáforos y cremas para la piel), por nombrar solo algunas de ellas. La fe es inevitable, pero no toda fe es igual. Confiar en que las pastillas que te ha dado el farmacéutico no son venenosas es razonable. Hacer paracaidismo con un instructor de las fuerzas especiales da miedo, pero es razonable. Lanzarse por un acantilado de 90 metros sin entrenamiento ni planificación es una locura.

¿Y la fe religiosa? ¿Tiene sentido tener fe en Dios? Algunos destacados ateos sostienen que creer en Dios es solo un eufemismo para la "locura". Sigmund Freud dijo que creer en Dios es delirar. Y más recientemente, en su libro *The God Delusion* (El espejismo de Dios), Richard Dawkins afirmaba que "cuando una persona sufre un delirio, se le llama locura. Cuando muchas personas sufren un delirio, se llama religión".

Sin duda, el cristianismo invita a la aventura de la fe. Pero ¿es una fe razonable que quizás asusta un poco, como creen los cristianos, o tan solo una aventura delirante, como sugieren los ateos? Dicho sin rodeos: ¿creer en Dios es una forma de locura?

Estas son las preguntas que este libro pretende responder.

Como jurista de formación, me interesan las definiciones jurídicas.

La prueba tradicional de demencia en el derecho inglés se estableció en un caso del siglo XIX relacionado con el intento de asesinato del entonces primer ministro Robert Peel. Confundiendo su identidad, el asesino mató al secretario del primer ministro, Edward Drummond. Todos estaban de acuerdo en que el asesino, Daniel M'Naghten, estaba loco, pero la cuestión ante el tribunal era qué constituía una defensa legal válida de locura. Los jueces decidieron que la prueba se reducía a estas preguntas centrales: ¿sabía el acusado lo que estaba haciendo y, en caso afirmativo, sabía que lo que estaba haciendo estaba mal?

Así, según la ley inglesa, alguien que mata a un vecino porque cree que es el diablo sería considerado demente; pero también lo sería la persona que mata a un vecino sabiendo que es su vecino, pero sin saber que está mal matar al prójimo. Dicho de otro modo, un demente puede ser alguien que está completamente fuera de contacto con la realidad *física*, pero también alguien que está completamente fuera de contacto con la realidad *moral*.

Teniendo esto en cuenta, es razonable suponer que una creencia sana es aquella que nos da una base racional para nuestra creencia en el bien y el mal, lo correcto y lo incorrecto, así como para nuestra creencia de que el mundo que nos rodea es real y no solo un sueño o una ilusión. Así pues, una creencia sana es la que da sentido y nos mantiene en contacto con toda la realidad, tanto la moral como la física.

Ahora bien, todos de vez en cuando perdemos en cierta medida el contacto con la realidad, pero no se trata de locura. Es solo una cuestión de diversión o distracción: nos quedamos pegados a un aspecto de la realidad y perdemos el contacto con el todo. Por ejemplo, ¿alguna vez has estado en un avión y te has perdido en el drama de una película realmente apasionante, solo para volver de golpe a la realidad del hecho de que está situado a 10 000 metros por encima de la superficie de la tierra y atravesando la atmósfera a 950 kilómetros por hora?

Tal es la incongruencia de los viajes aéreos internacionales. Con los auriculares puestos, los ojos pegados a la pantalla, comiendo galletas saladas y sorbiendo una bebida que te trae amablemente un/a azafato/a con solo pulsar un botón, todo mientras haces algo que difícilmente la gente podía hacer a principios del siglo pasado, como es volar.

Si lo pensamos, es realmente increíble. No sé ustedes, pero cuando dejo que mi mente se desvíe de la inmediatez del entretenimiento a bordo para pensar en el hecho más amplio de que estoy volando (y en todos los innumerables instrumentos y componentes de un avión que tienen que funcionar para hacerlo posible), a menudo siento mariposas en el estómago, mientras mi mente intenta comprender plenamente la realidad de mi situación física.

Me parece una metáfora adecuada de nuestras vidas y de la facilidad con que perdemos el contacto con la gran realidad que nos rodea. Piensa por un momento que, cuando te lavas los dientes frente al espejo o miras el correo electrónico en el teléfono, es fácil dar por sentado, e incluso ignorar, que la tierra que hay bajo tus pies gira a unos 1 000 kilómetros por hora, mientras que nosotros atravesamos la galaxia a 67 000 kilómetros por hora. Si lo piensas, la vida también es increíble.

Yo no pedí nacer, y tú tampoco. Pero aquí estamos: respirando, pensando, sintiendo, experimentando, deseando, recordando, relacionándonos, planeando, soñando, esperando, temiendo, amando, odiando, aguardando, siendo seres que se preguntan. Vivos.

E incluso mientras respiramos, un número incontable de cosas están sucediendo en nosotros y a nuestro alrededor, todas a la vez, para que algo así sea posible. Cosas sobre las que no tenemos ningún control. Nuestro corazón bombea sangre a través de nuestras arterias y venas; nuestro cerebro transmite información a los órganos del cuerpo a través de sus vías neurales; la atmósfera proporciona a nuestros pulmones el oxígeno necesario para que podamos vivir, mientras que otros gases que contiene nos protegen de la radiación solar; nuestro planeta orbita a la distancia justa del sol para que exista vida; la luna estabiliza el bamboleo axial de la tierra; nuestro sol irradia calor y luz de forma estable y duradera; la inmensa gravedad de Júpiter atrae asteroides, cometas y meteoritos incontrolables lejos de la tierra como una aspiradora gigante; y las leyes del movimiento, la energía, la materia y la gravedad operan de forma coherente a través del universo cuántico.

Vuelvo a sentir mariposas en el estómago.

Ahora bien, no es fácil mantenerse consciente de esta realidad en nuestro día a día, por dos razones. En primer lugar, la realidad inconcebiblemente maravillosa y precaria de nuestra situación física en el universo es casi excesiva para que nuestra mente la asimile, y mucho menos para que se aferre a ella de forma persistente.

Pero, en segundo lugar y lo que es más importante, toda esta realidad física -tan maravillosa y precaria- no es más que el escenario en el que se desarrolla el drama de nuestras vidas. Nuestra comprensión de la vida sería incompleta si no fuera más allá del nivel de la energía y la materia, los planetas y la gravedad, el cerebro y la sangre. ¿Por qué? Porque el conocimiento de estas cosas físicas, aunque pueda ayudarnos a seguir vivos, no puede ayudarnos mucho más allá de eso. No puede ayudarnos a tomar las decisiones que realmente nos importan. Decisiones sobre dónde vamos a vivir, o qué vamos a hacer para trabajar, o a quién vamos a amar o en quién vamos a confiar o con quién nos vamos a identificar. No puede ayudarnos a decidir lo que nos importa, ni informarnos sobre el tipo de persona que somos o deberíamos ser, ni decirnos cómo debemos pasar nuestros días. Así pues, nuestra comprensión de la realidad debe extenderse no solo a las realidades físicas, sino también a las no físicas: a nociones como el significado, el valor, la bondad, la verdad, la esperanza y el amor, así como a sus opuestos. Podríamos llamarlas realidades "humanas", porque vivimos y orientamos nuestras vidas en función de ellas y en relación con ellas. Son las cosas que realmente nos importan como seres humanos.

La cordura consiste en estar en contacto con toda la realidad. Implica totalidad o plenitud en todo el espectro de la personalidad humana: intelectual, moral, relacional, emocional y volitiva. Es razonable suponer, por tanto, que una fe sana es aquella que es capaz de hablar y ayudar a dar sentido a la realidad en toda su plenitud -física y moral, científica y humana- y sin exigirnos que dejemos el cerebro en la puerta.

Una fe que no solo nos ayude a comprender el mundo que nos rodea, sino también el mundo que llevamos dentro, incluidos nuestros pensamientos, intuiciones, anhelos y emociones más profundos. Una fe que tenga sentido, por así decirlo, tanto para la mente como para el corazón. Una fe que funcione en el mundo real.

¿Está la fe cristiana a la altura de esta prueba? Bueno, eso es exactamente lo que el resto de este libro pretende ayudarnos a averiguar.

Parte I

LAS COSAS
QUE IMPORTAN

1

¿Cuál es el significado de la vida?

¿Qué es lo que da sentido a mi vida en este mundo?

Preguntas inevitables

Una mujer vuelve a trabajar hasta tarde en la oficina, mirando por la ventana las luces de la ciudad. Un joven se va de casa de sus padres por primera vez y se adentra en un mundo nuevo de independencia. Una anciana celebra sus ochenta y cinco años y se asombra de lo rápido que han pasado. Un granjero contempla con asombro, una vez más, la belleza del cielo nocturno. Una filósofa lee a Platón sentada en su sillón de cuero. Y un chico de 14 años, en ese extraño punto intermedio entre la infancia y la edad adulta, se encuentra pensando en el futuro como nunca antes lo había hecho. Personas diferentes. Vidas diferentes. Pero en lo más profundo de su ser, todos se plantean preguntas parecidas: ¿de qué va mi vida? ¿Cuál es mi propósito? ¿Cómo debo vivir? ¿Dónde está la felicidad duradera?

Por cierto, ese chico de 14 años soy yo. O al menos, era yo.

No es que entonces tuviera la costumbre de hacerme preguntas filosóficas o espirituales profundas. Crecí en un feliz hogar australiano, corriente y nada religioso. Las conversaciones sobre Dios, la religión, la filosofía o el sentido de la vida no se planteaban de forma significativa. No es que fueran tabúes, pero por la razón que fuera, nunca hablábamos de esos temas.

De adolescente, lo que más me gustaba era el deporte. De hecho, en un momento de mi adolescencia, practicaba cinco deportes diferentes a la vez. No quiero presumir, pero era bastante bueno. Incluso llegué a participar en los campeonatos nacionales de atletismo, aunque pocos lo adivinarían viéndome ahora. Sin embargo, como entrenaba tanto y crecía al mismo tiempo, acabé sufriendo algunos problemas importantes en las articulaciones de las rodillas, y el médico me dijo que tenía que dejar de hacer deporte por un tiempo indefinido para permitirle a mi cuerpo que se recuperase. En aquel momento, mi estilo de vida pasó de ser muy activo y ajetreado a tener más tiempo del que podía dedicarle. No me consideraba una persona demasiado reflexiva, pero con todo ese tiempo libre me puse a pensar en la vida.

3

Aún recuerdo el momento. De pie en el patio de recreo del colegio a la hora de comer me preguntaba: si la vida consiste en vivir 80 o 90 años y luego morir y se acabó -fin de la partida- y todo lo que hayamos conseguido, todo lo que hayamos amado y todo en lo que hayamos llegado a ser se convertirá inevitablemente en polvo. Pensé que no solo era una historia muy triste, sino que además carecía de sentido. Es como un videojuego en el que no importa lo bien que juegues o las decisiones que tomes, el resultado final es siempre el mismo. Pantalla en blanco. Has perdido.

Y recuerdo que pensé: "No me parece la mejor de las historias". Me pregunto si realmente es la historia correcta. Porque si lo es, ¿qué sentido tiene todo esto?

Rara vez articulamos en voz alta preguntas como estas o entre nosotros. Yo, desde luego, no lo hago. Por supuesto, la vida es ajetreada. Cada día está lleno de cientos de pequeñas preguntas y retos que resolver. Y en nuestro tiempo libre, tenemos tantas posibilidades de entretenimiento estimulantes y totalmente conectadas con las que llenar y distraer nuestras mentes que estas preguntas más profundas del corazón rara vez encuentran espacio para salir a la superficie.

Pero son preguntas importantes. Son tan antiguas como la humanidad -como el pan, el fuego o la rueda- y, tal como esas cosas antiguas, siguen siendo perpetuamente relevantes como necesidades humanas intemporales.

Un ejemplo. Si hubiera que elegir a un grupo de personas de las que pudiera decirse que parecen tener todo lo que se puede pedir en la vida, un buen ejemplo serían los estudiantes de la Universidad de Harvard, una de las principales del mundo. Son jóvenes, superdotados y con un mundo de oportunidades por delante. Y sin embargo, ¿cuál cree que es el curso más popular del campus? Es un curso sobre cómo encontrar la felicidad llamado "La ciencia de la felicidad". El psicólogo Dr. Ben-Shahar, que imparte el curso, afirma que la búsqueda de la felicidad siempre ha sido un anhelo innato del ser humano que se remonta a los tiempos de Confucio y Aristóteles. Cuando se le pregunta por qué su curso es tan popular entre las futuras élites, que ya tienen tanto a su favor, atribuye su éxito al creciente deseo de estos jóvenes de hacer que sus vidas tengan más sentido.

Si Ben-Shahar tiene razón, no es la juventud, la riqueza, la inteligencia o los logros lo que da la felicidad, sino el sentido.

La vida a examen

El gran pensador francés del siglo XVII Blaise Pascal escribió: "Muchas veces he dicho que la única causa de infelicidad en los hombres es que no saben permanecer quietos en una habitación"[1], lo que me sugiere que la principal razón por la que la gente no encuentra la felicidad duradera es que no se da el tiempo y el espacio necesarios para pensar en serio sobre las grandes cuestiones del significado y el propósito. Si eso era cierto en la época de Pascal, ¿cuánto más debe serlo en la era de Internet y las redes sociales?

Sócrates dijo algo parecido: "Sin reflexión, la vida no merece ser vivida". Mark Twain quizá lo dijo mejor que nadie cuando observó: "Los dos días más importantes de tu vida son el día en que naces y el día en que descubres para qué".

A veces he oído a gente que se considera práctica, tachar de demasiado abstracto y filosófico lo que se dice sobre el sentido y el propósito de la vida. Un psicólogo judío llamado Victor Frankl descubrió esta verdad en un campo de concentración durante la Segunda Guerra Mundial. Mientras contemplaba cómo sobrevivir a los inmensos retos de su cautiverio, Frankl empezó a observar a sus compañeros de prisión con la esperanza de descubrir qué mecanismo de aguante funcionaba bien. Descubrió que aquellos individuos que no podían aceptar lo que les estaba ocurriendo -los que no podían encontrar un significado más allá de sus sufrimientos presentes- eran los que se desesperaban, perdían la esperanza y, finalmente, se rendían y morían. Por el contrario, aquellos otros capaces de encontrar un propósito en la vida o una esperanza para el futuro más allá del calvario en el que estaban, tenían muchas más probabilidades de sobrevivir.

«Quien tiene un "por qué" vivir puede soportar casi cualquier "cómo"», escribió el filósofo Friedrich Nietzsche. Encontrar un sentido es esencial para vivir, es como el oxígeno para el alma. Desgraciadamente, muchas veces, solo cuando la vida alcanza algún punto de crisis es cuando nos enfrentamos (inevitablemente) a estas grandes cuestiones de la vida y su significado.

El autor de *best-sellers* Philip Yancey alcanzó ese punto cuando su coche se salió en una curva de una sinuosa carretera de Colorado y cayó por un precipicio. Al despertarse, se encontró atado de pies y manos a una cama de hospital. Un TAC mostró que se había roto una vértebra del cuello y que había fragmentos de hueso que punzaban una arteria principal. Si se perforaba la arteria, moriría desangrado. Durante ese tiempo de espera, sabiendo que podía morir en cualquier momento,

---

1 «Tout le malheur des hommes vient d'une seule chose, qui est de ne savoir pas demeurer en repos, dans une chambre». https://www.dirigeant.fr/idees/blaise-pascal-tout-le-malheur-des-hommes-vient-dune-seule-chose-qui-est-de-ne-savoir-pas-demeurer-en-repos-dans-une-chambre/ (consultado en enero 2023). N.T.

llamó a sus allegados sabiendo que quizás fuera la última vez que hablaría con ellos. Él escribe:

> Allí tumbado me di cuenta de que gran parte de mi vida estaba centrada en cosas triviales. Créanme, durante [ese tiempo de espera] no pensé en cuántos libros había vendido, ni en qué tipo de coche conducía (de todas formas, lo estaban remolcando a un desguace) ni en cuánto dinero tenía en mi cuenta bancaria. Todo lo que importaba se reducía a unas cuantas preguntas básicas. ¿A quién quiero? ¿A quién echaré de menos? ¿Qué he hecho con mi vida? ¿Estoy preparado para lo que viene?

Este libro está escrito con la convicción de que en esta vida nada está garantizado; que no debemos esperar a los momentos de crisis para "reflexionar acerca de la vida", y que, si realmente queremos encontrar una felicidad que dure, es necesario que nos enfrentemos de verdad a las grandes preguntas de la vida. Preguntas como las siguientes: en un universo mucho más grande de lo que nuestras mentes finitas pueden comprender, ¿qué da sentido a nuestras vidas? En un mundo de más de siete mil millones de personas, ¿qué me hace significativo? En un planeta rebosante de vida de increíble complejidad y belleza, ¿estamos todos aquí por accidente o por designio? Con tantas decisiones que tomar cada día, cada semana, cada mes y cada año, ¿tiene mi vida un sentido o un propósito general? ¿Hay alguna esperanza a la que pueda aferrarme en medio de la enfermedad, el sufrimiento y la muerte?

¿Y qué más?

Puede que el relato más famoso de la historia de la filosofía sea el de la caverna de Platón. El filósofo nos pide que imaginemos a tres prisioneros en una caverna, con el cuerpo atado y la cabeza atada para que no puedan mirar nada más que la pared de piedra que tienen delante. Han estado atados así desde su nacimiento, mirando fijamente esa pared. No tienen ni idea de que hay un mundo fuera de esa pared, y mucho menos fuera de la cueva. Detrás de los prisioneros arde un fuego; entre el fuego y los prisioneros hay un pasillo por el que la gente camina, habla y lleva objetos. Los prisioneros solo perciben las sombras de las personas y los objetos que pasan por el pasillo, que se proyectan en la pared. Los presos oyen los ecos de las conversaciones que provienen de las sombras. Para los presos, las sombras y los ecos son la realidad. Este es su mundo. Sombras y ecos. Es la única realidad que conocen.

Nos preguntamos cómo podrían llegar a saber estas personas que existe un mundo mejor que su mundo de sombras: un mundo de luz solar, cielos azules y aire fresco. ¿Podría algo en la cueva, o tal vez incluso las propias sombras y ecos, llegar a verse como lo que en realidad son, no la realidad última, sino pistas o indicadores de algo más allá de sí mismas? ¿Una realidad más profunda y plena?

¿O quizás estos pobres ocupantes de la cueva tengan la intuición de que en algún lugar hay algo más en la vida que el mundo monótono y aburrido que siempre han conocido? ¿Tienen quizá una profunda sensación de inquietud e insatisfacción, un profundo anhelo o hambre de otro mundo, una realidad que nunca han visto pero que, sin embargo, parece atormentar sus pensamientos y esperanzas?

Con esta hambre de algo más, algo difícil de definir, algo perpetuamente fuera de nuestro alcance, es con lo que muchas personas se identifican hoy en sus propias vidas.

En cierta ocasión pasé una semana hablando con gente muy inteligente y refinada de varios bancos de inversión y empresas de consultoría de Londres sobre algunas de las grandes cuestiones de la vida, y esta misma cuestión surgió en el turno de preguntas y en las conversaciones: esta intuición o hambre compartida entre personas, aparentemente muy acomodadas y con éxito, de que debe haber algo más en la vida que simplemente lo que ofrece este mundo material.

C. S. Lewis, el célebre profesor de Oxford (cuyos escritos me han sido de gran ayuda, como verán por las numerosas citas suyas que aparecen a lo largo de este libro), llama a esta hambre o deseo la firma secreta de toda alma humana: esa sensación, ese anhelo, esa esperanza de algo que la vida no parece proporcionarnos, pero de lo que seguimos escuchando ecos en lo más profundo de nuestra alma; a veces débilmente, a veces con fuerza.

El filósofo Roger Scruton observa que, por muy extendido que esté el ateísmo, los seres humanos siempre tendremos "hambre de lo sagrado, de lo espiritual". Esto plantea una pregunta interesante: si el ateísmo tiene razón, y si la realidad solo consiste en cosas físicas que se desarrollan de acuerdo con las inexorables leyes de la física y la química, como una gran máquina, ¿por qué nosotros, que somos una parte y un producto de esta gran máquina, tenemos ansias de algo más que la máquina? ¿Y por qué a lo largo de la historia, desde antes de Platón hasta nuestros días, tanta gente ha reconocido que existe una realidad espiritual?

¿Será porque el ser humano es algo más que la suma de sus partes, algo más que carne, huesos y sustancias químicas? Curiosamente, eso es lo que creía y enseñaba Jesús de Nazaret. Como él mismo dijo: "La gente no vive solo de pan" (Mateo 4:4 NTV). Con esto quería decir que hay una dimensión espiritual en lo que somos que las cosas físicas no pueden satisfacer. Y del mismo modo que nuestra hambre física señala la existencia de aquello que puede satisfacer nuestra hambre física, también nuestra hambre espiritual señala la existencia de aquello que puede satisfacer nuestra hambre espiritual.

"Yo soy el pan de vida -declaró Jesús- el que a mí viene nunca pasará hambre, y el que en mí cree nunca más volverá a tener sed. (Juan 6:35 NVI). En otras palabras: "Lo que puede saciar tu hambre espiritual soy yo", dice Jesús. "Yo soy el pan que sacia tu alma".

Ahora bien, si eres un ateo acérrimo, cortado por el mismo patrón que, por ejemplo, el escritor ateo Richard Dawkins, podría considerar ridículo y supersticioso creer en la existencia de cualquier dimensión espiritual de la realidad, una fe totalmente irracional.

Hace unos años, Dawkins y la British Humanist Association (Asociación Humanista Británica) patrocinaron una campaña publicitaria en los laterales de los autobuses de Londres con el siguiente eslogan: "Probablemente Dios no existe, deja de preocuparte y disfruta de tu vida".[2] Dejando a un lado el hecho de que su exhortación a dejar de preocuparse se basa en la más bien preocupante palabra "probablemente" (Dawkins no podía afirmar racionalmente que no hay Dios porque, como él sabe, saber con total certeza que no hay Dios requeriría una omnisciencia que solo Dios, si existiera, podría poseer), es interesante que Dawkins asuma que la preocupación debe equipararse con la existencia de Dios y el disfrute de su no existencia. Pero ¿por qué? Sobre todo, cuando hay muchos que dan testimonio de haber encontrado profunda satisfacción y plenitud en una relación con un Dios que les ama.

Pero, si alguien cree que la visión atea de la realidad es cierta, que no hay Dios ni ninguna dimensión espiritual en la vida, entonces ¿qué hacemos con nuestras profundas ansias de sentido y de propósito?

Según un vídeo titulado "¿Cómo puedo ser feliz?", a cargo del conocido presentador y escritor ateo Stephen Fry, el sentido no se encuentra en ningún tipo de plan divino o propósito cósmico del universo, sino en el sentido que creamos para nosotros mismos, que, según él, puede estar en cualquier cosa que decidamos, incluido, por ejemplo, un compromiso con la política, nuestra carrera o algún empeño artístico; o simplemente en placeres sencillos como beber vino con los amigos, hacer senderismo en la naturaleza o cuidar del jardín.

---

2   La campaña llegó igualmente a España en enero de 2009. N.T.

¿Es esto cierto? ¿Estás de acuerdo? ¿Cree que se puede encontrar sentido en las muchas y variadas cosas buenas que ofrece la vida, sin que además la vida en su conjunto tenga un significado o propósito mayor?

Pura ilusión

Un antiguo filósofo judío, conocido como el "Predicador" o el "Maestro", aborda esta misma cuestión en su libro Eclesiastés, uno de los libros sapienciales de las Escrituras hebreas. Tradicionalmente, se considera que este filósofo es el famoso y riquísimo rey Salomón.

Al comienzo del libro, nos encontramos con su frase más emblemática: «Vanidad de vanidades -dijo el Predicador-; vanidad de vanidades, todo es vanidad» (Eclesiastés 1:2, 14, RVR95). O en otra traducción: «Nada tiene sentido», dice el Maestro. «Nada en absoluto tiene sentido» (Eclesiastés 1:2, PDT).

No es un comienzo muy prometedor. Pero esta es la conclusión a la que llega el Maestro tras reflexionar profundamente sobre la búsqueda humana de sentido y realización en la vida *bajo el sol* (frase que significa algo así como "sin referencia a ningún significado divino o cósmico"). Como el Dr. Ben-Shahar, el profesor que dirige el curso sobre la felicidad en Harvard, Salomón cree que quienes rechazan cualquier propósito divino o cósmico en la vida suelen intentar encontrar el sentido y la realización de dos maneras. En la búsqueda del placer y la experiencia o, para quienes son capaces de disciplinarse a sí mismos y a sus deseos, en la búsqueda de logros y el éxito. Salomón analiza y examina a fondo estas dos vías de búsqueda de la plenitud.

Como rey, Salomón tenía acceso a los mejores placeres sensuales y sensoriales que se ofrecían: lo mejor del vino, las mujeres y la música. Escribe: "No les negué a mis ojos ningún deseo, ni privé a mi corazón de placer alguno" (Eclesiastés 2:10, NVI). Suena maravilloso, pero al final Salomón descubre que el placer por sí solo, por bueno que sea, no satisface. En una sociedad que tiende a equiparar la felicidad con la ausencia de dolor y la abundancia de placer, esto puede parecer sorprendente, pero el testimonio de muchos buscadores de placer es que, a la larga, la autopista del hedonismo conduce al quebranto o al aburrimiento. Como observó con pesar la decadente reina María Antonieta, al final "nada tiene gusto".

"La falta de significado no viene de estar cansados de sufrir, sino del hastío del placer", afirmaba el ensayista G. K. Chesterton. Suena contradictorio, pero es cierto: los rendimientos decrecientes del placer, lejos de proporcionar una base adecuada para la realización, solo sirven para resaltar la sensación de vacío y aburrimiento que proviene de una vida carente de cualquier propósito más profundo.

Por eso Salomón también intenta encontrar la plenitud en ese otro camino trillado, la búsqueda del logro y el éxito. Encarga grandes proyectos públicos, construye casas, planta viñedos, diseña jardines y parques y construye grandes embalses. También adquiere más riquezas que nadie: rebaños y manadas, oro y el tesoro de reyes y provincias. Llega a ser más grande que nadie en poder, fama y posición. Escribe: "Mi corazón disfrutó de todos mis afanes. ¡Solo eso saqué de tanto afanarme!" (Eclesiastés 2:10, NVI).

Sin embargo, a pesar de todo lo que había logrado, al final escribe: "Consideré luego todas mis obras y el trabajo que me había costado realizarlas, y vi que todo era absurdo, un correr tras el viento, y que ningún provecho se saca en esta vida" (Eclesiastés 2:11, NVI).

Al reflexionar sobre todos sus logros, Salomón llega a la conclusión de que, tanto si se consigue mucho como si consigue poco, tanto si uno se hace rico o pobre, poderoso o impotente, famoso o desconocido, al final no importa, pues todos corren la misma suerte. La vida misma es un ciclo sin fin en el que, como él dice:

Generación va y generación viene… Lo que ya ha acontecido volverá a acontecer; lo que ya se ha hecho se volverá a hacer… Nadie se acuerda de los hombres primeros, como nadie se acordará de los últimos. ¡No habrá memoria de ellos entre los que habrán de sucedernos!
(Eclesiastés 1:4, 9, 11, NVI).

Así pues, no habiendo encontrado sentido ni en el placer ni en el éxito, intenta finalmente encontrarlo en la sabiduría, el último gran consuelo del filósofo (Salomón es famoso por escribir muchos dichos sabios). Sin embargo, ni siquiera la sabiduría le aporta el sentido esperado. Observa que, aunque es mejor ser sabio que necio, y caminar en la luz más que en las tinieblas, tanto el sabio como el necio corren la misma suerte: "pues no quedará memoria duradera ni del sabio ni del necio; en los años venideros ya todo estará olvidado. ¿Acaso no muere el sabio igual que el necio?" (Eclesiastés 2:16, BLP).

En resumen, Salomón llega a la conclusión de que la fugacidad de nuestras vidas personales, junto con el ciclo interminable de la historia que se repite *ad infinitum* a través de los tiempos, conduce a una inevitable sensación de falta de sentido y de aburrimiento bajo el sol, porque realmente, como dice en su famosa frase, no hay *nada nuevo bajo el sol* (Eclesiastés 1:9, NVI),

Esta sensación de frustración que se siente al leer la visión salomónica de la vida bajo el sol (es decir, sin referencia a ningún propósito divino o supremo) me recuerda la sensación frustrante que sentí cuando me encontré por primera vez con una frase muy citada del conocido filósofo ateo Bertrand Russell, que describe su visión global de la vida. Russell escribe:

> El hombre es el producto de causas que no previeron el fin resultante. Su origen, su crecimiento, sus esperanzas, sus temores, sus amores y sus creencias no son más que el resultado de la colocación accidental de átomos... ningún fuego, ningún heroísmo, ninguna intensidad de pensamiento y sentimiento, pueden preservar una vida individual más allá de la tumba... y todos los esfuerzos de las edades, toda la devoción, toda la inspiración, todo el brillo del mediodía del genio humano está destinado a la extinción final en la vasta muerte del sistema solar... todo el templo de los logros del hombre ha de ser ineludiblemente enterrado bajo los escombros de un universo en ruinas...

Esa es la historia atea de la vida, la única historia sensata en la que creer; o eso es lo que se nos dice: olvida toda esa palabrería sobre Dios o sobre cualquier significado superior de la vida, porque la vida "bajo el sol" es la única vida que existe.

Pero si eso es cierto, ¿qué sentido tiene tu vida o la mía?

Mi historia

Esa era la pregunta que realmente me hacía cuando era un chico de 14 años. ¿Qué sentido tiene la vida? Coincidiendo más o menos con mi paréntesis en el deporte me hacía reflexionar sobre la vida más profundamente de lo que lo había hecho nunca, me vi obligado a asistir a las clases de educación religiosa en la escuela porque formaba parte del plan de estudios. Y en esas clases se me presentaba una historia diferente a la de los ateos: la que dice que no estamos aquí por accidente, sino con un propósito, porque alguien (Dios) quería que estuviéramos aquí y nos ama. Aprendí que la Biblia enseña que Dios nos ama tanto que incluso cuando nos alejamos de él, en lugar de abandonarnos, nos tiende la mano. Y que en Jesús, Dios se hizo uno de nosotros, entrando en nuestro mundo y habitando entre nosotros, incluso muriendo por nosotros en una cruz romana, para rescatarnos del caos de egoísmo en el que nos encontramos. Y mientras escuchaba esta historia alternativa, lo interesante era que, aunque la enseñanza no se impartía de una forma especialmente atractiva, la historia de alguna manera parecía o *se sentía* más real o verdadera que la otra historia: la que me decía que tú y yo no somos más que accidentes cósmicos en un universo de fuerzas ciegas e indiferentes, que estamos aquí por una combinación aleatoria de tiempo más materia más azar, que vivimos unas décadas si tenemos suerte, y que luego nos vamos, para siempre.

Pero una cosa son los sentimientos y otra son los hechos. Siempre he sido mucho más pensador que sentimental, algo escéptico por naturaleza, siempre dispuesto a rebatir una afirmación o una suposición exigiendo razones y pruebas (lo que solía molestar mucho a mi madre, pero también significó que no se sorprendió en absoluto cuando acabé siendo abogado). Un día, en la clase de educación religiosa a la que asistía, el profesor nos enseñó el vídeo de un juicio. Pero en aquella dramatización se juzgaba la afirmación cristiana sobre la resurrección de Jesús, e increíblemente (al menos para mi limitado conocimiento del cristianismo), la defensa era capaz de proporcionar un argumento convincente a favor de la resurrección. La idea de que hubiera pruebas acerca de Jesús que podían ser investigadas, la idea de que pudiera haber algo de sustancia en esto llamado cristianismo; esto de alguna manera me había llevado a sentir que Dios podía ser real, que podíamos no estar aquí por accidente, y que la muerte podía no ser el capítulo final de la historia de todos nosotros.

Y como ahora tenía un montón de tiempo extra disponible, gracias a mis lesiones de rodilla, empecé a investigar. Comencé a ir a la biblioteca a la hora de comer y a leer libros (entonces no teníamos Internet, claro). Leí libros sobre diferentes religiones, libros sobre diferentes visiones del mundo, libros sobre la relación entre creer en Dios y la ciencia, la filosofía y la historia, y durante meses llegué a la conclusión de que, de todas las explicaciones de por qué nos encontramos en este increíble universo, el cristianismo era, con diferencia, la mejor de las disponibles. En resumen, la versión cristiana de la historia tenía sentido para mí; más sentido que todas las alternativas, incluido el ateísmo.

Por ejemplo, no podía tragarme la idea atea de que simplemente debemos considerar el universo como un hecho fatal (un hecho que no tiene explicación). Me parecía que había tantos aspectos interesantes e improbables en el universo -cosas como la música, las matemáticas, el amor, la conciencia, nuestros anhelos de eternidad y la pura improbabilidad de la vida- que realmente demandaban una explicación.

O recuerdo, por ejemplo, haberme sentido atraído por la idea de la Nueva Era o la antigua mística oriental de que la respuesta está dentro de mí, de que en el fondo soy un ser divino, aunque luego sentí que, por muy atractiva que sonara la idea, simplemente no concordaba con mi propia experiencia de mí mismo. Desde luego, no me sentía divino y, si lo era de verdad, ¿cómo era posible que hubiera olvidado de algún modo que lo era?

Además, recuerdo haberme dado cuenta de que las distintas creencias religiosas sobre las que leía tenían algo en común: me parecía que sugerían que si pensaba lo correcto o hacía lo correcto o practicaba las actividades espirituales correctas, podría trabajar o ganarme el camino hacia el cielo, el Nirvana, Dios, la salvación o lo que fuera que esa visión del mundo o filosofía en particular ofrecía, excepto una. El cristianismo era el único que decía de manera clara que no había nada que yo pudiera hacer para ayudarme a mí mismo. Más bien, enseñaba que necesitaba ser salvado. Necesitaba una "reanimación espiritual". Decía que nunca podríamos abrirnos camino hacia Dios por actuar moralmente y que no teníamos que hacerlo porque Dios había descendido hasta nosotros en Jesucristo para hacer por nosotros lo que no podíamos hacer por nosotros mismos. Recuerdo que, con 14 años, pensé que no parecía una historia inventada por los seres humanos, porque iba totalmente en contra de nuestro instinto humano natural de querer probarnos a nosotros mismos de alguna manera y demostrar lo buenos que somos, un instinto con el que me sentía muy identificado como joven competitivo.

Estos son solo algunos ejemplos del "anillo de la verdad" que me pareció que poseía el cristianismo. Ninguna reflexión era en sí misma concluyente de que el cristianismo fuera cierto, sino que era la acumulación gradual de muchas reflexiones, percepciones y pruebas en conjunto lo que me sugería cada vez más que el cristianismo tenía sentido. Y así fue cómo, a través de este proceso de leer y pensar, investigar y reflexionar, llegué finalmente a la conclusión intelectual de que el cristianismo era realmente verdadero. Mis instintos de que no estamos aquí por accidente, de que la vida tiene sentido, de que realmente hay una forma correcta y otra incorrecta de vivir y de que la muerte no es la realidad última para el ser humano, encontraron por sí mismos en la idea cristiana de la realidad una base sólida.

Pero, no me malinterpretes. Aunque fueron principalmente mis intuiciones sobre la vida las que inicialmente me hicieron dudar de la versión atea de la realidad, en mi investigación estaba dispuesto a ir adonde me llevaran las pruebas. Y si las pruebas me hubieran llevado a la conclusión de que la historia atea era cierta y que la muerte y la nada son el fin último para todos, por muy bien que jueguen el partido de la vida, entonces habría estado dispuesto a tragarme esa dura verdad. Habría intentado encontrar placer y felicidad en el tiempo que me quedara. Pero no habría podido creer, como son capaces de creer algunos ateos, que la vida seguía teniendo sentido.

Lo que yo habría dicho es: aunque parezca que tiene sentido, a la fría y dura luz de la lógica, debo admitir que en realidad no lo tiene. Porque si, en el esquema eterno de las cosas, las decisiones que tomo en la vida no influyen en mi resultado final, y nada de lo que hacemos en esta vida perdura o tiene un valor duradero, entonces no tengo ninguna base racional para llamar a mis decisiones o acciones en la vida significativas o "consecuentes". Sin embargo, al investigar las evidencias (de la ciencia, la historia, la filosofía, la experiencia humana y la Biblia), me llevaron a la conclusión de que era el ateísmo el que estaba equivocado sobre la vida, no mis intuiciones.

Pero ese no fue el final de mi viaje de descubrimiento. Unas semanas más tarde, observé que uno de mis compañeros de clase leía un librito verde en el patio. Le pregunté qué era y me dijo simplemente: "Toma", me lo dio y se marchó. Me extrañó su comportamiento, pero cuando le eché un vistazo, descubrí que era un pequeño folleto que explicaba por qué el cristianismo es una buena noticia. En esencia, decía: Dios te creó, te ama, pero todas las cosas malas que has hecho te han separado de Dios. Pero la buena noticia es que Dios envió a Jesús al mundo, no para condenarnos sino para rescatarnos, y a través de este Jesús -que murió por nosotros en una cruz y resucitó- podemos experimentar el perdón y la paz con Dios ahora y por toda la eternidad, si le confiamos nuestras vidas.

Al final de ese librito, se me invitaba a tomar una decisión, ¿quería hacerlo? ¿Estaba dispuesto a confiar mi vida a Jesús y seguirle del mismo modo que un aprendiz sigue los pasos del maestro artesano? ¿Estaba dispuesto, por así decir, a doblar la rodilla ante Él como Señor y Salvador de mi vida?

Aquel librito, junto con la decisión que me presentaba al final, cristalizó para mí esta importante verdad: ser cristiano implicaba algo más que creer que Dios existe; implicaba también creer lo que Él dice y actuar en consecuencia. En otras palabras, se trataba de seguirle. Pero a estas alturas, elegir seguir a Jesús era algo que yo estaba dispuesto a hacer porque para entonces no solo había llegado a creer que Él era real y que era bueno, sino que también había llegado a amarle, porque había llegado a comprender a través de la lectura de la Biblia cuánto me amaba.

Esa es mi historia y, por supuesto, la historia continúa. Pero, como he dicho, todo empezó con la pregunta: ¿qué le da sentido a mi vida?

¿Irrelevante, irracional e inmoral?

Por supuesto, hoy en día mucha gente sostiene que la fe cristiana es irrelevante, irracional y posiblemente incluso inmoral. La gente suele tener esa opinión porque su imagen del cristianismo es diferente de la real, simplemente una caricatura basada en lo que han oído sobre el cristianismo y que en realidad no es verdad. Muchas veces he hablado con personas a las que he respondido: "A mí tampoco me gusta ese Dios del que hablas, pero es que ese Dios del que hablas no es el Dios de la Biblia".

No obstante, en otras ocasiones, algunas opiniones negativas sobre Dios o la Biblia a las que llega la gente se deben a que tienen buenas preguntas u objeciones razonables sobre algún aspecto de la fe o de la enseñanza cristiana para las que no han obtenido una buena respuesta. Espero que este libro, además de dar buenas razones de por qué una persona cree en lo que creen los cristianos, pueda también abordar algunas de las inquietudes sentidas y objeciones intelectuales que tiene la gente sobre la fe cristiana. Y reconozco que muchas de las cuestiones que se tratan son profundas y desafiantes.

El punto de vista que adopto en este libro parte de la base de que, si realmente queremos encontrar sentido a la vida, las siguientes cosas tienen que ser ciertas: en primer lugar, que lo que somos importa, lo cual tiene que ver con lo que valemos. Segundo, que lo que hacemos importa, lo cual tiene que ver con lo que es bueno. Tercero, que lo que experimentamos es real, lo cual tiene que ver con la verdad. En cuarto lugar, que nuestras relaciones tienen sentido, lo cual tiene que ver con el amor. Y, por último, que debemos ser capaces de dar sentido al mayor desafío a la esperanza y el significado de esta vida: el sufrimiento.

Sentido, valor, bondad, verdad, amor, esperanza y sufrimiento. Estas son las cosas que importan. Porque son las cuestiones a las que debemos enfrentarnos como seres humanos si queremos dar sentido a la vida y encontrar satisfacción para nuestras almas.

2

¿Cuánto vales?

¿Qué me hace especial en un mundo de siete mil millones de almas?

En la vida hay cosas que son especiales

Un buen día de 1967, en California, una mujer que paseaba al atardecer se topó con un violín que, al parecer, había sido abandonado en una cuneta. Decidió llevárselo a casa y, como no sabía tocarlo, se lo regaló a su sobrino. Su sobrino no estaba muy interesado en el violín, pero lo aceptó agradecido, como habría hecho cualquier buen sobrino. El niño se quedó con el violín, creció y se casó. Su mujer, al descubrir el violín, decidió que le gustaría aprender a tocarlo. Esa mujer se llamaba Teresa Salvato. Así que Teresa empezó a aprender a tocar y un día de la primavera de 1994, 27 años después de que encontraran el violín a un lado de la carretera, decidió llevarlo a un taller para que lo pusieran a punto.

Si alguien hubiera preguntado a Teresa cuánto valía el violín, habría respondido que no tenía ni idea. La razón por la que no tenía ni idea de lo que valía el violín era porque no sabía nada de él. Pero quienes tenían que reparar el violín no tardaron en darse cuenta de que el violín que Teresa había traído no era un violín corriente. Era un instrumento muy especial. Tan especial que incluso tenía su propio nombre. El nombre del violín era "El Duque de Alcántara", porque ese era el nombre que le había dado 267 años antes la persona que lo había fabricado, ¡un hombre llamado Stradivarius! Teresa no tenía ni idea de que el violín con el que había estado aprendiendo a tocar era un Stradivarius y valía más de un millón de dólares. Y que lo había encontrado en una cuneta. Al parecer, había aterrizado allí porque, en 1967, el segundo violinista de la orquesta de la Universidad de California había suplicado utilizar el violín en un concierto y, bueno, ¿alguna vez has puesto algo importante en el techo de tu coche y luego te has marchado accidentalmente olvidando que lo habías puesto allí? Parece que eso es lo que el segundo violinista hizo con el violín Stradivarius.

Los violines Stradivarius nos recuerdan que hay cosas en la vida que son especiales. Hay cosas en la vida que son importantes. Hay cosas de la vida que requieren que las tratemos con cuidado y dignidad. Pero ¿qué es lo que hace que algo sea importante? ¿Qué es lo que hace que algo sea valioso y especial? En resumen, ¿qué

17

es lo que te hace especial a ti? En un mundo de siete mil millones de habitantes, ¿qué hace que tu vida sea significativa? ¿Qué le da valor?

Podemos conocer el valor de un violín basándonos en la identidad del instrumento. Y podemos conocer la identidad de un instrumento basándonos en su origen. ¿Podría ocurrir lo mismo con nosotros? Si es así, nuestro valor como seres humanos no puede entenderse sin referencia a nuestra verdadera identidad. Y nuestra identidad no puede entenderse sin referencia a nuestro origen último.

Pero si tal cosa es cierta, ¿qué ocurre si perdemos la conexión con nuestra identidad (quiénes somos realmente) y nuestro origen (de dónde venimos en realidad)? ¿Cuál es entonces el marco de lo que entendemos por dignidad humana y del valor esencial si, como hace cada vez más la sociedad, eliminamos a Dios de la escena?

Para el ateo, que cree que no existe un Dios creador y que la realidad no es más que un universo puramente físico, todo lo que somos, todo lo que hacemos, todo lo que pensamos y sentimos son, fundamentalmente, procesos físicos que se desarrollan en un complejo sistema de causas y efectos. Según el célebre psicólogo y ateo B. F. Skinner, "el hombre es una máquina". Una máquina compleja, ciertamente, pero, al fin y al cabo, solo una máquina. En este sentido, su comportamiento está totalmente determinado por las leyes físicas vigentes.

Uno se siente tentado a responder a esta afirmación preguntando por qué deberíamos creer lo que dice Skinner si todo lo que piensa y hace está predeterminado. Pero si esto es lo que él cree, y es lo que mucha gente cree hoy en día, ¿por qué alguien o algo es especial? Porque si todos estamos simplemente "bailando al son de nuestro ADN", entonces el ADN es especial, pero nos convierte en marionetas. De alguna manera, la parte es más especial que el todo. Ya no somos los protagonistas de la historia, sino que lo es nuestro ADN.

¿Acaso soy especial?

No es de extrañar que muchos jóvenes crezcan preguntándose: "¿Acaso soy especial? ¿De verdad soy importante?".

¿Hay algo que haga especial o importante a un ser humano?

Jean-Paul Sartre fue quizá el filósofo más famoso del siglo XX. Como ateo, sostenía que no hay nada que nos haga esencialmente humanos, y mucho menos esencialmente especiales. Razonaba que, puesto que no hay un Dios que nos haya diseñado, el ser humano no tiene un modelo, una esencia, una naturaleza. Por tanto, debemos crear nuestra propia naturaleza, valor e identidad. Fue la compañera de Sartre, Simone de Beauvoir, quien -partiendo de la misma perspectiva existencialista- observó que no se nace hombre o mujer, sino que se llega a serlo. Uno conduce su naturaleza hacia donde quiere porque ella no le ofrece un guion, un plan o un camino. Puedes ser un hombre, una mujer o una mezcla de ambos. Puedes mantener relaciones sexuales con personas del mismo sexo, del sexo opuesto o mixtas. En resumen, puedes hacer lo que quieras. Eres libre de hacerte y rehacerte *ad infinitum* porque no estás definido ni tienes que estar definido por nada excepto por tus propios deseos.

Pero he aquí la cuestión. Si, según Sartre, un ser humano viene al mundo sin identidad innata, ¿por qué sentimos la necesidad de crearnos una identidad? ¿De dónde viene ese anhelo de una identidad que aparentemente no tenemos? Un perro no tiene esos problemas por no ser nadie en especial. Siempre que se le dé agua, comida, casa y caricias, un perro está contento. Los perros no se preocupan por cuestiones existenciales. ¿Por qué nosotros sí? ¿Por qué nos preocupamos siquiera de si nuestra vida tiene o no significado?

Bueno, quiero sugerir que la razón por la que tenemos la necesidad humana fundamental de ser importantes es porque somos importantes. Queremos ser especiales porque lo somos. Incluso nuestros cuentos de hadas nos lo dicen. El patito feo, Cenicienta, Shrek 1, 2 y 3... todos hablan del anhelo humano de ser alguien especial.

Pero, por desgracia, no solemos sentirnos tan importantes o especiales.

Pasé la mayor parte de mis años escolares ahogado por una constante sensación de timidez y una ansiedad de que -en realidad, siendo sincero conmigo mismo- verdaderamente yo no era tan importante, realmente no destacaba entre la multitud, no era nadie especial. Recuerdo que después de la escuela y los fines de semana trabajaba en un supermercado empujando carritos y apilando estantes por la suma principesca de unas 4 libras la hora. Ahorrar un par de cientos de libras me costó semanas de trabajo, pero por alguna razón decidí que tenía sentido gastarme 200 libras de mi dinero ganado con tanto esfuerzo en comprarme unas gafas de sol muy chulas, con la convicción de que así aumentaría enormemente mi factor *cool*. Eran unas gafas de sol muy chulas: las Oakley Razor Sunglasses, el tipo de gafas de sol envolventes con los colores del arco iris que llevaban muchos de los jugadores de críquet australianos en aquella época.

Yo creía, exactamente como los avispados publicistas querían que creyera, que si la gente importante, como esos *cracks* del deporte, llevaban esas gafas, si yo me las ponía querría decir (por un proceso de lógica indiscutible) que yo también sería importante. Sería guay. Sería alguien.

¿Te sientes identificado con lo que estoy diciendo o soy el único que ha sentido ansiedad por saber si soy importante o no? ¿Si los demás me miran y piensan:

"Este es alguien especial"? ¿O si cuando me miran están mirándome exactamente a mí?

Se suele decir que no debemos preocuparnos por lo que los demás piensan de nosotros, porque no lo hacen, sino que están pensando en sí mismos. Lo cual es muy cierto. Ojalá alguien mayor y más sabio me hubiera dicho esa sencilla verdad cuando yo era joven. Pero es fácil afanarnos por cómo nos valoran los demás en la escala social de importancia. Incluso hay un nombre para este tipo de ansiedad. Se llama angustia por el estatus. El filósofo Alain de Botton, al describir la ansiedad por el estatus, explica que a las personas que ocupan puestos importantes en la sociedad se suele decir que son "alguien", y de todos los demás, que no son "nadie". Los que son "alguien" son muy visibles y admirados. Los "don nadie" son casi invisibles.

Uno de nuestros mayores temores como seres humanos es no ser vistos, ser invisibles. Nadie quiere ser invisible. Nadie quiere ser un don nadie. Pero en un mundo de siete mil millones de habitantes, entendemos que no todos podemos ser alguien.

Entonces, ¿dónde nos deja eso? Estamos compitiendo... ¡con todo el mundo!

La vida es competición

Todo el mundo compite entre sí para ser alguien. Para ser importante. Para destacar entre los rostros anónimos de la multitud.

Pero ¿acaso no estás de acuerdo en que competir con todo el mundo no es la base más sana para ser feliz y para el florecimiento humano universal? Pero, por desgracia, la competencia es el relato con el que vivimos cada vez más.

¿Te has dado cuenta de cuántas películas y programas de televisión presentan la vida como una competición y a otros seres humanos como la competencia?

Piensa en Katniss Everdeen en *Los Juegos del Hambre*, Frank Underwood en *House of Cards* o Daenerys Targaryen en *Juego de Tronos*. Para muchas personas, estas películas o series son metáforas precisas y sutiles, que muestran la vida como lo que realmente es: un juego con ganadores y perdedores. Y como dejan gráficamente claro, en el juego de la vida no compensa ser un perdedor.

No es de extrañar que muchas personas crezcan con la idea de que, a menos que lleguen a la cima, nunca serán importantes ni felices. Y llegar a la cima suele significar hacerse rico, famoso o el mejor en su campo de estudio, deporte, carrera o arte. Y a menos que lleguemos a ser ricos, famosos o los mejores en nuestro campo, habremos fracasado en la vida, habremos fracasado como personas. Seremos un fracaso.

Pero quiero decirte que esa forma de vivir es errónea.

Si alguna vez te han dicho que eres un fracasado o te lo has dicho tú mismo, no es verdad. Es mentira. Porque el fracaso es un acontecimiento, no una persona. Equiparar fracasar con *ser* un fracasado es cometer el error de confundir lo que haces con lo que eres. Pero no es lo mismo.

En segundo lugar, según una investigación del University of Michigan's Institute for Social Research (Instituto de Investigación Social de la Universidad de Michigan), intentar basar el sentido de la propia valía e importancia en fuentes *externas* por lo que uno ha conseguido, como el aspecto físico o el éxito en la carrera, los estudios, el deporte, la música, los viajes o las relaciones, provoca más estrés, ira, problemas académicos, conflictos en las relaciones y niveles más altos de consumo de drogas y alcohol, así como síntomas de trastornos alimentarios. ¿A qué se debe? Permítaseme sugerir algunas posibles razones.

Quienes miden lo importante que son como personas según sus logros o éxito, o por lo que son capaces de hacer o conseguir, a menudo se dan cuenta de que su atención en la vida se centra siempre en la búsqueda del siguiente objetivo, cualquiera que sea: riqueza, familia, carrera, relaciones. Estos objetivos y su consecución llegan a definir por completo el propio sentido de la persona, de modo que, con el tiempo, subconscientemente, el lema de su vida se convierte en: "Consigo, luego existo". En otras palabras, soy lo que hago. ¿Te resulta fastidiosamente familiar?

Ahora bien, uno de los muchos problemas ligados a esta mentalidad o planteamiento vital es que, si pienso que soy lo que hago, entonces el sentido personal que tengo de mi importancia se juzgará en función de lo bien que yo crea que lo estoy haciendo; pero lo bien que yo crea que lo estoy haciendo se basará inevitablemente en lo bien que yo crea que lo estoy haciendo en comparación con los demás. Pero si ese es el caso, entonces ahora me encuentro en una posición en la que mi sentido de mi propia importancia se ha vuelto inversamente proporcional a lo bien que les va a los demás a mi alrededor. Y si ese es el caso, se hace difícil celebrar el éxito de los demás con sinceridad.

Dicho de otro modo, basar nuestro sentido de la propia importancia exclusivamente en lo que hacemos y en lo que conseguimos, acabará teniendo efectos negativos en la forma en que nos vemos a nosotros mismos y en la forma en que vemos a los demás.

He mencionado que en mi juventud trabajé en un supermercado. Y si alguna vez has trabajado en el comercio minorista, sabrás que el éxito de un producto tiene mucho que ver con el lugar donde está colocado en la estantería. Según los estudios, los compradores empiezan a mirar la estantería a la altura de los ojos, van de izquierda a derecha y toman su decisión de compra en menos de ocho segundos. Si su producto no es uno de los que la gente elige en ese intervalo de ocho segundos, los minoristas no van a dejar que ese producto siga ocupando un espacio valioso en el lineal.

Por eso son tan importantes un envase llamativo y una comercialización inteligente de los productos. Los distintos proveedores, que acuden a la tienda, intentan por todos los medios convencer al propietario de que coloque sus productos en los lugares de las estanterías que atraen a más compradores, que suele ser a la altura de los ojos, porque "se compra a la altura de los ojos". Así pues, los proveedores interesados intentarán convencer al propietario de la tienda ofreciéndole toda una serie de incentivos para que lo haga.

Y es realmente interesante cuando dos proveedores competidores están en la tienda al mismo tiempo. Rara vez se sonríen y dicen: "¿No es estupendo que vendamos productos tan parecidos?". Normalmente ni siquiera saludan a la otra persona o lo hacen con incomodidad.

Entonces, ¿qué ocurre con las relaciones humanas cuando todo el mundo compite con todo el mundo por ese disputado espacio en las estanterías? ¿Ese codiciado espacio en el que somos vistos, reconocidos, valorados y elegidos por los demás?

Lo que ocurre es que tendemos a tratarnos a nosotros mismos y a los demás como objetos, comparándonos y evaluándonos unos a otros del mismo modo que valoramos los productos en el mercado. Los sociólogos llevan años hablando de la creciente cosificación de los seres humanos. Lo vemos en el mundo del deporte, donde los jugadores se intercambian entre equipos como mercancías en un mercado de valores, o en las empresas, donde los empleados pueden ser robados de otras empresas o simplemente despedidos y sustituidos por modelos nuevos y mejores. Lo mismo ocurre en los campus universitarios, donde los estudiantes a veces se enfrentan a la posibilidad de ser literalmente pujados, al estilo de las subastas, en un proceso muy público para determinar quién entra en las hermandades y fraternidades más populares de los campus de la Ivy-league[3] y quién no.

Pero esta tendencia general hacia la cosificación o mercantilización de la persona humana ha recibido un enorme impulso en los últimos años gracias a la forma en que la tecnología de las redes sociales está moldeando la sociedad.

---

3 Conferencia deportiva de algunas de las principales universidades norteamericanas. N.T.

Las redes sociales y el yo

En la aclamada serie de ciencia ficción *Black Mirror*, cada episodio explora con inquietante detalle las formas en que la tecnología está modelando nuestra sociedad. Uno de los episodios más notables imagina un mundo en un futuro no muy lejano en el que dependeremos por completo de las redes sociales y las personas se puntuarán unos a otros con 5 estrellas, basándose en la apariencia e incluso en el más breve trato de los unos con los otros, desde la forma como miraste a la persona que viajaba frente a ti en el metro hasta la falta de entusiasmo que mostraste por el regalo de cumpleaños que te hizo tu compañero de trabajo. Y estas valoraciones repercutirán en el mundo real: si bajas de 4 estrellas, empezarás a perder algunos amigos, o si caes por debajo de 3 estrellas, podrías perder tu trabajo o ser excluido de ciertos negocios o círculos. Como dice un artículo de la revista *Business Insider*:

> Verdaderamente, no se diferencia demasiado del mundo en el que vivimos ahora. Imagina que combinas tu valoración de Uber con la cantidad de *likes* que obtienes en Facebook y el número de respuestas que recibes en Twitter en el último mes. Ahora imagina que esa puntuación lo determinara todo sobre tu vida, desde dónde trabajas hasta la casa en la que pudieras vivir.

Este episodio dio que hablar a mucha gente, que se preguntaba si se trataba solo de una parodia de cómo son las cosas ahora, o si era una visión profética de hacia dónde nos dirigimos si no tenemos cuidado.

Un reciente informe británico titulado #StatusofMind sobre el impacto de las redes sociales en el bienestar de los jóvenes, concluye que Instagram, Snapchat, Facebook y Twitter tienen efectos muy negativos en la salud mental de los jóvenes, aumentando la ansiedad, la depresión y los problemas de identidad e imagen corporal. El autor del informe, Matt Keracher, afirma que estas plataformas llevan a los jóvenes a "compararse con versiones de la realidad poco realistas, en su mayor parte elaboradas, filtradas y retocadas con Photoshop".

Los periodistas comentan los intentos cada vez más desesperados de las adolescentes para que sus fotos de perfil sean más sexys y seductoras y, por tanto, tengan más probabilidades de conseguir los *likes* deseados -importante definición del éxito.

Según la Dra. Jessica Strubel, que presentó un importante estudio a la American Psychological Association (Asociación Americana de Psicología) sobre los efectos de las nuevas apps de citas del estilo de Tinder: "La gente vive en un mundo surrealista, creando ideales y expectativas inalcanzables que nadie puede cumplir.

Está creando una necesidad constante 7/24 sobre cómo gestionar la impresión sobre los demás y la apariencia".

El National Health Service (Servicio Nacional de Salud británico, NHS) informa que el número de jóvenes hospitalizados por ansiedad se ha triplicado en los últimos cinco años, y John Cameron, responsable de la principal línea telefónica nacional de ayuda a los jóvenes, afirmó en un artículo reciente en *The Telegraph*: "Estos problemas se deben muchas veces a la necesidad de seguir el ritmo de los amigos y tener una vida perfecta; y la tecnología, que funciona las 24 horas del día los 7 días de la semana, hace que los jóvenes nunca escapen de la presión".

He oído decir que el hogar familiar puede ser uno de los pocos lugares del mundo donde los jóvenes pueden saber que se les quiere no por lo que hacen, sino por lo que son. Desde luego, no lo aprenderán en Instagram ni en el mundo de las citas en línea, ni en el aula, ni en el lugar de trabajo. Por desgracia, los padres, en su amor y deseo de ver a sus hijos triunfar en lo que saben que es una sociedad competitiva, a veces sin darse cuenta comunican a sus hijos un mensaje que no suena muy diferente al mensaje que ya reciben del mundo: "Actúa y podremos verte, triunfa y puede que te amemos".

Mi hija Grace suele cantar en voz alta para sí misma cuando está sola y cree que nadie la oye. Como padre, me alegré mucho cuando oí a Grace, que entonces tenía cuatro años, cantar estas palabras para sí en su habitación: "Papá me quiere, me quiere de verdad, aunque yo sea muy, muy mala, él me sigue queriendo, ¡y Jesús también me querrá siempre!".

Pensé: "¡Sí, lo ha entendido!". Su corazón lo ha recibido. Que es amada por lo que es, no por cómo se comporta o por sus logros.

Pero no son solo los niños o los jóvenes quienes luchan por darse cuenta de su valía innata. Porque esto forma parte del problema de la historia humana: todos intentamos encontrar significado y autoestima en lo que hacemos, en lo que podemos obtener y lograr -pero no está funcionando.

No está funcionando

No está funcionando porque vivimos agobiados por una responsabilidad para la que nunca fuimos diseñados. La carga constante e implacable de intentar demostrar o establecer nuestro sentido del yo, nuestro nombre, nuestra reputación en el mundo.

La libertad de la que hablaban Sartre, de Beauvoir y otros filósofos existencialistas -la libertad de hacerte y rehacerte a ti mismo *ad infinitum* porque no estás definido por nada excepto por tus propios deseos- no es libertad, es una esclavitud. Porque todo depende de ti. La incesante tarea de tener que crear o fabricar tu propio sentido de identidad, autoestima y relevancia. Todo depende de ti, y si has nacido después de 1980 y vives en las redes sociales, es un trabajo de 24 horas al día, 7 días a la semana, de plena dedicación. Y no hay garantía de que, aunque te esfuerces mucho, el mundo que te rodea vaya a decir: "¡Eh, ya eres alguien a quien merece la pena mirar!".

De hecho, incluso el pequeño porcentaje de personas que llegan a hacerse ricos y alcanzan la fama, la popularidad y el éxito, eso que hace que una persona destaque entre la multitud, no siempre encuentran en ese éxito la felicidad y la plenitud que pensaban que les aportaría. Veamos algunos ejemplos.

Quizá uno de los personajes más importantes del siglo XX, posiblemente la mayor celebridad de la era moderna, fue el Rey (The King), Elvis Presley. En cierta ocasión, un periodista le hizo la siguiente pregunta: "Elvis, cuando empezaste a hacer música, dijiste que querías ser rico, famoso y feliz. Ahora eres rico y famoso. ¿Pero eres feliz?". A lo que Elvis respondió: "Me siento inmensamente solo". Fue seis semanas antes de morir.

Markus Persson es una leyenda en el mundo de los videojuegos: el creador de Minecraft, quizá el juego de ordenador mayor popularidad y éxito de la historia. Lo vendió a Microsoft por 2 500 millones de dólares. Meses después, escribió el siguiente tuit: "Nunca me he sentido más solo que en cierta ocasión en Ibiza, divirtiéndome con un grupo de amigos y con gente famosa, haciendo lo que me daba la gana".

La actriz Nicole Kidman dijo que fue tras ganar un Oscar en 2002 cuando se dio cuenta de lo vacía que en realidad estaba su vida.

Pocas cosas hay en la vida que te hagan sentirte solo y deprimido como experimentar lo que creías que por fin te iba a hacer sentir valioso e importante, y sin conseguirlo.

Se trata del alma

Es interesante; si la medida es el nivel de celebridad global e influencia mundial, seguramente Jesús es la persona más importante que haya vivido jamás. Mientras vivió en esta tierra habló muchas veces ante grandes multitudes, pero el sentido de su vida nunca lo obtuvo de lo importante que fue para aquellas multitudes. Sabía que un día podían estar adorándole y otro día intentando matarle. Así de cambiantes son las multitudes.

En una ocasión, dirigiéndose a una multitud, Jesús les hizo la siguiente pregunta penetrante: "¿De qué le servirá al hombre ganar todo el mundo, si pierde su alma?" (Mateo 16:26, RVR95).

Según Jesús, es posible ganar todo lo que crees que te hace especial y, al mismo tiempo, perder lo único que realmente te hace especial: tu alma.

Según la perspectiva cristiana, lo más importante de ti no es nada que pueda verse desde fuera. Lo más importante de ti es tu alma, porque tu alma es tu centro vital. Y, dice Jesús, tu alma vale más que cualquier otra cosa en el mundo entero. Porque es la única alma que tendrás y está hecha para la eternidad. Está hecha para Dios. Como un precioso violín Stradivarius, tu alma lleva la imagen de su Hacedor, y por muy invisible que te sientas a veces, no le eres invisible, porque eres -dice la Biblia- la niña de los ojos de Dios. Ni un error, ni un accidente, ni un fracaso. Como dice el filósofo cristiano Dallas Willard: "Eres un ser espiritual incesante, hecho con un propósito, para un futuro eterno en el gran universo de Dios".

Si esto es cierto, explicaría por qué las cosas superficiales y transitorias como el dinero, la fama o el éxito, aunque son cosas perfectamente buenas en sí mismas, no nos satisfacen ni pueden satisfacernos de ninguna manera. Porque son incapaces de ofrecer lo que nuestras *almas* anhelan más profundamente, que es ser plenamente vistos, conocidos y amados, eternamente.

La Biblia afirma que ese amor solo puede encontrarse en Dios, y que nuestras almas están enfermas porque hemos perdido nuestra conexión con el amor de Dios. Llama a esta enfermedad "pecado" y afirma que es esta enfermedad del alma la que nos lleva a competir en vez de cooperar, a cosificar en vez de dignificar, a denigrar en vez de celebrar, a hundir a los demás en vez de elevarlos, y a envidiar y tener resentimiento en vez de amar y respetar.

A la hora de narrar la vida de los primeros seguidores de Jesús, la Biblia no encubre ni pasa por alto sus debilidades y defectos. Y, si hay alguien en la Biblia que crees que puede tipificar a la persona que se ha tragado la gran mentira de que uno debe lograr algo para convertirse en alguien especial, ese tal fue un hombre llamado Saulo de Tarso. Como explica la Biblia, Saulo era un niño de la mejor educación, alumno del renombrado maestro Gamaliel, educado en escuelas judías de élite. Avanzaba hacia el éxito, siendo preparado, tal vez, incluso para convertirse en Sumo Sacerdote. Antes de conocer a Jesús, se consideraba a sí mismo un hombre moral, pero estaba dispuesto a hacer cualquier cosa con tal de avanzar en su carrera como líder religioso, incluso acabar con la vida de los demás. Incluso persiguió a los primeros seguidores de Jesús de Nazaret por desafiar al sistema religioso. Acorraló a familias, las envió a prisión e incluso consintió el asesinato de un seguidor de Jesús llamado Esteban. Se consideraba llamado por Dios, pero no lo era, solo era un fanático. Se sentía como si hubiera sido llamado para ensalzar a Dios, cuando en realidad, solo estaba tratando de ensalzarse a sí mismo.

Saulo era celoso, muy religioso, pero aún no había conocido el amor de Dios. Pero cuando lo conoció, todo cambió. En un emocionante encuentro, la Biblia relata que Jesús se apareció a Pablo en el camino de Damasco y, resumiendo, el Señor Jesús liberó a Saulo de su afán de notoriedad. En Jesús, Saulo descubrió el amor de Dios, así como una identidad y una vocación que ningún honor, premio o prestigio terrenal podría superar jamás. Y este moralista religioso, orgulloso, fanático y desgraciado conocido como Saulo -aquel que quiso ser tan grande y exitoso- cambió su nombre por el de Pablo, que significa "pequeño" o "humilde". De hecho, llegó a ser conocido como el apóstol Pablo, siervo de todos, judíos y gentiles. Antes de conocer a Jesús, pensaba que veía la vida como realmente era -una competición que había que ganar-, pero Jesús le ayudó a ver la vida como realmente debe ser. No es de extrañar que, en una de sus cartas a la iglesia de Corinto, Pablo escribiera uno de los escritos sobre el amor más conmovedores que jamás se hayan escrito:

Si hablo en lenguas humanas y angelicales, pero no tengo amor, no soy más que un metal que resuena o un platillo que hace ruido. Si tengo el don de profecía y entiendo todos los misterios y poseo todo conocimiento, y si tengo una fe que logra trasladar montañas, pero me falta el amor, no soy nada. Si reparto entre los pobres todo lo que poseo, y si entrego mi cuerpo para que lo consuman las llamas, pero no tengo amor, nada gano con eso.

El amor es paciente, es bondadoso. El amor no es envidioso ni jactancioso ni orgulloso (1 Corintios 13:1-4, NVI).

Jesús ayudó a Pablo a comprender que la vida no es una competición que hay que ganar, sino un privilegio y una oportunidad para amar y ser amado.

El propósito de tu vida, según Jesús, es amar y ser amado. En esto consiste la vida. Esta es la verdadera música para la que fueron creadas nuestras almas. Amar y ser amados. Y, según Jesús, todo empieza por recibir el amor de Dios.

Lo que dice el cristianismo es que, cuando pruebas este amor, te das cuenta de que no necesitas ensalzarte a ti mismo para convertirte en alguien especial, porque ya lo eres. Llegas a comprender que ya *se te ve, se te reconoce, valora y eres elegido* por tu Creador y que esto vale más que cualquier cosa que este mundo pueda ofrecer: saber, en lo más profundo de tu alma, que eres amado por Dios; creado a su imagen; y que la pregunta de "quién eres", se responde finalmente en la realidad de "de quién eres": de Dios. Eres hijo del Creador del universo, y llevas en tu alma su firma. La firma del maestro artesano.

3

Entre lo bueno y lo malo
¿Por qué hacer lo correcto cuando no es lo más fácil?

¿Quién soy yo?

Pregunta rápida. ¿Quién soy yo? Nací en 1971 en Estados Unidos. A los 16 años empecé a competir en triatlones y me convertí en campeón nacional en las carreras de sprint en 1989 y 1990. En 1992 empecé a correr como ciclista profesional. Gané el Campeonato del Mundo en 1993. Tres años después me diagnosticaron un cáncer. Me recuperé y volví al ciclismo en 1998. Gané el Tour de Francia ese año y los siete siguientes seguidos, de 1998 a 2005.

Soy (seguro que ya lo habrás adivinado)… Lance Armstrong.

Nos encantan los ganadores. Sobre todo, los que se sobreponen a la adversidad. Pero ¿por qué a Lance Armstrong, uno de los mayores ganadores y vencedores de todos los tiempos, no hay mucha gente que lo quiera hoy en día? Porque hizo trampas. Hizo lo que no debía. Se dopó para mejorar su rendimiento.

Nos encantan los ganadores, pero parece que, como seres humanos, no nos gustan los tramposos. No admiramos a la gente que hace lo que no está bien. ¿A qué se debe eso?

A los animales no parecen importarles las cuestiones éticas o morales. Cuando un lobo ataca de manera oportunista al ciervo más joven y débil de la manada, los demás lobos no le acusan de mal deportista. Y cuando un gato atormenta a un ratón solo por diversión, los demás gatos no le dicen que se meta con alguien de su tamaño.

Los seres humanos somos claramente diferentes de los demás animales en este aspecto. Para los animales, es la ley de la selva. Para nosotros, además, existe otra ley: la ley *moral*. Por ejemplo, ¿cómo llamamos a alguien que actúa sin tener en cuenta una ley moral? ¡Animal! Y no es un apelativo cariñoso.

Hacer lo correcto

Como seres humanos, no solo miramos el mundo a través de la lente de la realidad. También juzgamos el mundo a través de la lente del cómo debería ser. No podemos evitar pensar así: que algunas cosas están bien y otras mal.

Por eso nos enfadamos cuando oímos hablar de trampas y corrupción en el deporte: pensemos, por ejemplo, en los amaños de partidos en el críquet o en el béisbol. O en los negocios: pensemos en el escándalo de las emisiones de la empresa Volkswagen, que intentó engañar a la agencia medioambiental sobre el nivel de contaminación que sus coches emitían a la atmósfera. O en política: pensemos en los escandalosos gastos de los ministros o en los escándalos de la "corrupción política".

Cuando pensamos en tales ejemplos, seguramente pensamos: "¿No sería estupendo si pudiéramos acabar de alguna manera con el engaño, la corrupción y el comportamiento poco ético en la sociedad? ¿No sería el mundo un lugar mejor?".

He aquí una pregunta interesante: ¿por qué no acabamos con estas cosas? Si no nos gustan las trampas, la corrupción y los comportamientos poco éticos, ¿por qué no acabamos con ellos?

El problema es que no es tan fácil. Como dice Dallas Willard: "Es condición humana no querer hacer lo que está mal, pero lo vemos necesario". ¿Te has dado cuenta alguna vez? ¿Cómo hacer lo correcto, como decir la verdad, por ejemplo, parece a veces entrar en conflicto con nuestra comodidad o felicidad?

En cierta ocasión, en una clase de la escuela dominical, le preguntaron a una niña: "¿Qué es la mentira?" Y ella respondió: "Es algo que Dios odia, pero que ayuda mucho cuando tienes problemas".

Hacer lo correcto no siempre es fácil.

Todo el mundo lo hace

Ocupémonos del problema del engaño. Ya sea en el deporte, la empresa o la política, tendemos a suponer que las trampas las hacen solo unas pocas manzanas podridas y que, si nos deshiciéramos de ellas, la mayor parte de las mentiras, fraudes y comportamientos poco éticos que se producen en el mundo quedarían resueltos.

Pero, desgraciadamente, todas las investigaciones demuestran que no es así. En su libro *The (Honest) Truth about Dishonesty* (La verdad (honesta) sobre la falta de honestidad), Dan Ariely, catedrático de psicología y economía del comportamiento de la Universidad de Duke, explica que la mayor parte de los engaños que se producen en la sociedad se componen en realidad de diferentes y sutiles tipos de actos deshonestos que todos practicamos de manera habitual, y que juntos tienen un gran efecto acumulativo.

Cita estudios de varios casos para ilustrarlo. Por ejemplo, en uno de ellos habla del misterio que rodeaba a una tienda de regalos del Centro de las Artes de

Washington DC, que perdía 150.000 dólares al año. Como los pagos se guardaban en una caja en vez de en una registradora, la primera hipótesis fue que alguien estaba robando.

Sin embargo, tras despedir a la persona que creían responsable, las pérdidas continuaron hasta que se descubrió que el problema no era un solo ladrón, sino muchos voluntarios bienintencionados que "tomaban prestadas" pequeñas cantidades de dinero a lo largo del año que nunca llegaban a devolver.

Según el profesor Ariely, todos los casos en estudio demuestran que el problema de los fraudes y el comportamiento poco ético en la sociedad no consiste en que unas pocas manzanas podridas u operadores deshonestos perjudiquen a todos los demás. La mala noticia, dice Ariely, es que todos tomamos atajos morales. Todos defraudamos.

Todos defraudamos.

Ariely explica que el meollo de la cuestión es que los seres humanos vivimos con dos motivaciones opuestas fundamentales: por un lado, queremos vernos como buenas personas, honestas y rectas, de verdad que sí; pero, por otro lado, deseamos beneficiarnos de lo que puede reportarnos el engaño. En otras palabras, queremos mirarnos en el espejo cada día y ver a una buena persona que nos mira fijamente, aunque también estamos dispuestos a hacer cualquier cosa que nos ayude a salir adelante en la vida.

¿Cómo gestionamos, pues, esos deseos contradictorios? Según Ariely, lo hacemos mediante un proceso de racionalización: en esencia, nos mentimos a nosotros mismos. Vemos cómo funciona esta dinámica, por ejemplo, en el estudio de un caso realizado por psicólogos consistente en colocar un paquete de seis Coca-Colas y varios billetes de un dólar en un frigorífico utilizado por estudiantes. Los estudiantes sabían que el dinero y las bebidas pertenecían a otra persona y que no eran suyos. ¿Qué crees que ocurrió? Mientras que el dinero permanecía intacto en el frigorífico, las latas de Coca-Cola desaparecieron todas.

¿Por qué? Porque todos sabemos que no se debe robar, y coger dinero en efectivo sería robar descaradamente: es hacer lo que nuestra conciencia nos dice que no debemos hacer. Sin embargo, los estudiantes fueron capaces de coger una lata de Coca-Cola y racionalizar en sus mentes que en realidad eso no era robar, aunque esas latas habían sido compradas, evidentemente, con dinero.

El profesor Ariely llama a esta capacidad de engañarnos a nosotros mismos *flexibilidad cognitiva*. Nos permite conseguir lo que queremos haciendo trampas y aun así seguir considerándonos buenas personas.

Otra cosa sobre el engaño y la falta de honestidad es que cuanto más socialmente aceptable parece el engaño, más probable es que cedamos a él. Por ejemplo, en otro estudio, los psicólogos pidieron que los participantes hicieran un examen de matemáticas en el que se les recompensaría con un dólar por cada respuesta correcta. Pero también podían marcar sus propias respuestas, lo que daba a los participantes la oportunidad de hacer trampas. Y, evidentemente, muchos hicieron trampas. Pero en una de las salas, un actor incorporado en secreto al experimento fingió acertar el 100% de las respuestas en un tiempo imposiblemente corto, siendo recompensado delante de todos. Al ver que alguien se salía descaradamente con la suya, los participantes de aquella clase hicieron el doble de trampas que en las otras clases. Esto demuestra, como muchos otros experimentos, que los seres humanos somos increíblemente vulnerables al entorno de grupo.

Según el profesor Ariely, una vez que se empieza a hacer trampas o a adoptar un comportamiento poco ético, este tiende a aumentar y se vuelve contagioso. Por eso sugiere que las empresas no deberían tolerar ni siquiera las pequeñas indiscreciones, porque bajan el listón para todos.

En resumen, su investigación pone de relieve lo moralmente falibles que somos todos, incluso los que tenemos buenas intenciones, que en realidad somos la mayoría.

¿Cómo resolvemos, pues, el problema del comportamiento poco ético cuando prácticamente todo el mundo somos el problema? ¿Cómo resolvemos, por ejemplo, el problema del engaño si, como demuestra la investigación, prácticamente todo el mundo lo hace de una forma u otra?

Creo que, si queremos abordar con éxito el problema del comportamiento poco ético en la sociedad como mentir y engañar, que hemos visto que es más sutil, contagioso y extendido de lo que la mayoría de la gente se da cuenta, tenemos que preguntarnos más detenidamente "¿por qué?".

¿Por qué habremos de portarnos bien? ¿Por qué hacer lo correcto? ¿Por qué no hacer trampas?

¿Por qué debemos ser buenos?

La respuesta normal es que, si todo el mundo hace trampas, todos nos veremos perjudicados. Por ejemplo, en los negocios, la respuesta a la pregunta "¿Por qué no debemos engañar?" es porque no sería rentable para las empresas (porque perderían la confianza de la gente), y no sería rentable para los empleados (porque podrían ser despedidos o degradados).

Pero ¿y si descubro, como empleado de una empresa, que actuar de forma poco ética en realidad sería mejor para mí personalmente, aunque no lo fuera para la empresa? ¿Y si mi cuenta bancaria personal mejorase si hiciera alguna pequeña trampa, o si mi trayectoria profesional personal mejorara con alguna mentirijilla? ¿Y si supiera que no me van a pillar? ¿Por qué razón entonces habría de obrar éticamente?

O si eres estudiante, ¿qué pasaría si realmente pudieras sacar mejor nota en tu redacción haciendo trampas y supieras que no te iban a pillar? ¿Qué razón tendría entonces para hacer lo correcto?

Estas preguntas van directamente al corazón de todo, pero sorprendentemente, los cursos de ética rara vez parecen abordarlas, a pesar de que son quizás las preguntas más fundamentales o básicas de la moral. ¿Por qué no hacer trampas si puedes salir ganando y acabar obteniendo todo lo que quieres?

El antiguo filósofo griego Platón se ocupa de esta cuestión en su famosa obra *La República*. En ella encontramos un diálogo muy interesante entre Sócrates, el maestro de Platón, y un hombre llamado Trasímaco. Trasímaco es lo que pudiéramos llamar un escéptico moral radical. Eso significa que, como mucha gente hoy en día, Trasímaco cree que no existe una ley moral objetiva. Así que le dice a Sócrates algo parecido a: "Mira, no seas ingenuo, no hay absolutos morales. El fin justifica los medios; la justicia es solo una máscara para el poder; y la ética es solo un montón de reglas que otras personas han inventado, no algo real, así que no hay ninguna razón por la que no debamos hacer trampas si hacer trampas nos ayuda a ganar. No hay razón por la que no debamos mentir si mentir nos ayuda a evitar el dolor. No hay razón por la que no debamos olvidarnos de la ética si hacerlo nos ayuda a conseguir lo que queremos".

A continuación, ilustra su punto de vista refiriéndose al antiguo mito griego de Giges, un pastor pobre y humilde que odia ser un don nadie. Un día, el pastor Giges descubre un anillo mágico que le da el poder de ser invisible. Se da cuenta de que el anillo puede ayudarle a convertirse en alguien de éxito porque, con él, puede hacer lo que quiera y salirse con la suya. Entonces, ¿qué hace Giges con este anillo de poder? Lo utiliza para matar al rey, casarse con la reina y, finalmente, gobernar el reino, mientras engaña a todos haciéndoles creer que es alguien grande.

Por tanto, la pregunta que Trasímaco le hace a Sócrates es: ¿por qué no olvidarte de la ética si, como el pastor Giges, sabes que puedes salir ganando y obtener todo lo que siempre has querido?

Es una pregunta muy difícil de responder si (como Trasímaco) no crees en una ley moral objetiva, porque podrías pensar: "¿Quién no querría obtener todo lo que siempre ha creído que le haría feliz?". Y si crees que la ética no es más que un montón de reglas que han inventado otras personas, ¿por qué, entonces, tendrías que dejar que tales reglas pongan límites a tu felicidad?

Responder al desafío

A la luz de la desafiante pregunta de Trasímaco, me parece que si realmente esperamos encontrar una cura o solución al problema del comportamiento poco ético de la sociedad -que hemos establecido que no se da solo en unas pocas manzanas podridas, sino en todos nosotros- se necesitan al menos tres cosas:

1. Un buen motivo para obrar el bien.
2. Ayuda para obrar el bien.
3. Gracia cuando fallamos.

Curiosamente, la afirmación cristiana es que estas tres cosas convergen de forma única en la persona de Jesucristo. Veamos cada una de estas afirmaciones por separado.

1. Un buen motivo para obrar el bien

Cuando se enseña ética hoy en día, la mayor parte de la enseñanza es acerca de cómo actuar con ética, pero no por qué. A veces ni siquiera se aborda la cuestión más fundamental, que es: ¿de dónde proceden realmente los valores morales a los que todos aspiramos, como la justicia, la generosidad o la valentía? Puede parecer una pregunta meramente abstracta, pero en realidad es muy práctica.

Permíteme tratar de ilustrar el carácter práctico de la cuestión con un ejemplo. Como australiano, he observado que una de las mayores cuestiones morales a las que se enfrenta la gente en Gran Bretaña hoy en día es si, al comer un *scone*,[4] hay que untar primero la nata y después la mermelada, o si primero es la mermelada y después la nata. Como forastero inocente procedente de un país extranjero, he descubierto que la gente en Gran Bretaña puede ponerse muy nerviosa con este asunto. Cada bando cree que el otro está absolutamente equivocado.

Se trata de un ejemplo gracioso, pero ahora estamos tratando una cuestión seria. Si te preguntara si el racismo está mal, supongo que dirías que sí. Es raro que conozca a alguien que piense lo contrario. Pero cuando decimos que el racismo está mal, ¿qué queremos decir con "está mal"? ¿Queremos decir que está mal de la misma manera que la ecuación $2 + 2 = 5$ está mal? ¿O queremos decir que está mal de la misma manera que está mal poner primero mermelada en un *scone* y después la nata?

---

4 Especie de bollo o panecillo muy típico en Gran Bretaña e Irlanda, propio de desayunos y meriendas. N.T.

Ahora bien, desde mi posición de cristiano, cuando digo que el racismo está mal, quiero decir que está mal de la misma manera que digo que 2 + 2 = 5 está mal. Quiero decir que de verdad está mal. ¿Por qué? Porque, desde mi punto de vista, así como hay leyes matemáticas que no hemos creado como seres humanos, también hay leyes morales que tampoco hemos creado como tales. Existen independientemente de nosotros. Fuera de nosotros.

Sin embargo, si yo fuera, digamos, un humanista laico -alguien que no cree en Dios, pero sí en los buenos valores morales, como la justicia y la igualdad-, podría creer que no hemos descubierto la moral, sino que la hemos creado. Así lo hemos decidido. Dicho de otro modo, decidimos por nosotros mismos si el racismo está mal.

Pero si es así, ¿qué ocurre si otras personas deciden que el racismo *no* está mal? ¿Y si deciden que el racismo es bueno? Como humanista laico, ¿en qué me baso para decirles que están equivocados?

No puedo apelar a la razón. La razón no puede decidir en este caso, porque no hay ningún silogismo o fórmula lógica que demuestre que el racismo es bueno o está equivocado. Tampoco puedo apelar a la ciencia. La ciencia tampoco puede decidir aquí, porque no hay ningún experimento científico que demuestre que el racismo está bien o está mal. Como humanista laico, parece que no tengo otro fundamento que mi preferencia por la igualdad, del mismo modo que los racistas no tienen otro fundamento que su propia preferencia por el racismo.

Y aquí es donde el humanismo laico se contradice, porque por un lado dice que el Sr. Smith debe decidir por sí mismo lo que es bueno, pero por otro lado quiere decir que el Sr. Smith debe respetar a todo el mundo. Pero si el Sr. Smith dice: "Bueno, yo he decidido que no tengo por qué respetar a las personas con piel de color diferente al mío", ¿qué pueden responder los humanistas seculares? Podrían decirle al Sr. Smith: "Vd. ha tomado una decisión equivocada porque debemos respetar a todas las personas independientemente del color de su piel". Pero no pueden hacerlo si lo que creen es que las personas deben decidir por sí mismas lo que es bueno.

Entonces, el humanismo secular se encuentra en conflicto. Nos ofrece argumentos a favor de buenos valores morales (como la justicia, la igualdad y el respeto a la libertad humana), pero sin proporcionar un fundamento racional o un suelo filosófico en el que arraigar tales valores.

C. S. Lewis sostiene que para que la ética sea eficaz debe operar en tres niveles, que él ilustra utilizando la metáfora de un grupo de barcos en alta mar. El primer nivel consiste en asegurarse de que los barcos no chocan unos con otros; es como la ética social, que son normas acerca de cómo llevarse bien unos con otros. El segundo nivel consiste en garantizar que los barcos estén en condiciones de navegar, es decir, que sean capaces de gobernarse y mantenerse a flote. Esto lo compara con la ética personal, que es la ética que tiene que ver con el carácter y la virtud. Sin embargo, el nivel tres -explica- se refiere a la cuestión más fundamental de todas: ¿por qué están los barcos en el agua? ¿Cuál es su misión? ¿Con qué propósito?

Esta es la pregunta más básica, no solo para cualquier sociedad, institución o flota de barcos en el mar, sino también para cualquier persona como individuo. ¿Cuál es mi propósito? ¿Antes de todo, por qué estoy aquí en este planeta?

Necesitamos acertar en la respuesta a esta pregunta fundamental para que todo lo demás sea correcto. Por ejemplo, si asumimos -como hizo Sócrates- que enriquecerse no es el *principal* propósito de la vida humana (porque el dinero tiene que ser un medio, no un fin), pero sin embargo tú decides que el *principal* propósito en tu vida es enriquecerte, entonces Sócrates diría que hay poca diferencia moral si te enriqueces mintiendo y engañando o siendo diligente y honesto y trabajando duro. ¿Por qué? Porque en el primer caso, estás siendo malo por una mala razón, y en el segundo caso, estás siendo bueno por una mala razón. Pero vivir la vida buena (dice Sócrates) es ser bueno por un buen motivo. Se trata de vivir de acuerdo con tu propósito.

Pero si crees, como muchos hoy en día, que estamos aquí como resultado de una combinación aleatoria de tiempo, materia y de suerte, cuesta mucho señalar un propósito último en la vida y, por tanto, una base sólida para las normas éticas que tanto nos esforzamos por defender.

Emanuel Kant observó en cierta ocasión que, para que la elección moral sea la elección racional, debemos creer que vivir moralmente nos conducirá finalmente a la felicidad. Porque, al fin y al cabo, nadie quiere ser infeliz. Pero como Kant también reconoció, si no hay Dios y el universo no es más que un sistema mecánico ciego, no hay garantía de que la moralidad acabe en felicidad, ni es seguro que los tramposos no vayan nunca a salir ganando.

Sin embargo, la afirmación más notable del cristianismo es que hay algo más en esta vida que leyes ciegas que operan sobre átomos ininteligentes. La afirmación es que usted y yo no estamos aquí por *accidente*, en absoluto, sino con un *propósito* porque alguien, Dios, así lo ha querido. Si esto es cierto, hay al menos dos implicaciones profundas que se derivan de esta verdad. En primer lugar, significa que la pregunta "¿Por qué estoy aquí en este planeta?" tiene respuesta. Y eso significa que hay un propósito último en la vida y, en consecuencia, existe un fundamento sólido y objetivo para la moral, para el bien y para el mal: lo bueno es lo que está en consonancia con nuestro propósito; y lo malo, su violación. Como ya hemos visto, según el cristianismo, el propósito primordial de nuestras vidas es amar y ser amados, y todo empieza por recibir el amor de Dios.

En segundo lugar, significa que cuando vivimos de acuerdo con nuestro propósito (es decir, cuando amamos en lugar de odiar, curamos en lugar de herir y levantamos a los demás en lugar de hundirlos) y cuando hacemos lo que sabemos que es correcto, incluso cuando no es fácil, entonces progresamos como seres humanos, tanto por dentro como por fuera, porque estamos viviendo la vida para la que fuimos hechos. A la inversa, también significa que cuando vivimos violando nuestro propósito -es decir, cuando mentimos o engañamos o tomamos atajos morales para conseguir lo que creemos que nos hará felices-, al final, en realidad no nos hará felices, aunque nunca nos pillen.

Dicho de otro modo, significa que hacer lo correcto, aunque no sea fácil, al final merece la pena.

2. Ayuda para obrar el bien

Tener un buen motivo para obrar el bien, sin embargo, aunque esencial, no es suficiente porque, como hemos visto, todos podemos caer en la tentación de hacer trampas o de tomar un atajo moral, incluso cuando tenemos las mejores intenciones. También necesitamos ayuda para obrar el bien.

Cuando tenía treinta años, alrededor de 1870, Andrew Carnegie, que más tarde se convertiría en uno de los hombres más ricos del siglo XX, trató de mantener su integridad prometiendo abandonar los negocios para no dejarse atrapar por "la idolatría degradante de acumular poder y riqueza". Sin embargo, cuando llegó el momento de su éxito económico, no estuvo dispuesto a abandonar el camino de "hacer dinero a cualquier precio" y, desgraciadamente, algunos de los efectos degradantes del carácter que había temido a una edad temprana acabaron manifestándose en su vida subsiguiente. Aunque se convirtió en un gran filántropo que construyó miles de bibliotecas, sus empleados dijeron que habrían preferido que les hubiera ofrecido unas condiciones de trabajo más humanas. Se ha dicho que las condiciones de trabajo, y en particular las largas jornadas que Carnegie exigía a los trabajadores de sus fábricas en busca de beneficios eran tan duras y la situación de las viviendas tan deplorable, que debido a accidentes o enfermedades muchos de sus empleados murieron con cuarenta años o incluso menos.

Como dijo Jesús: "¿De qué le servirá al hombre ganar todo el mundo, si pierde su alma?" (Mateo 16:26, RVR95).

Siendo justos, la mayoría de las personas no vende voluntariamente su alma al "anillo del poder" como Giges, el pastor, o Gollum en el *Señor de los Anillos*, cuyo personaje está inspirado en el mito de Giges, abandonando toda conciencia moral en la búsqueda desenfrenada del poder, el placer o el éxito. La mayoría de nosotros no saltamos deliberadamente por un precipicio ético hacia una especie de caída libre de relativismo moral. La mayoría intentamos hacer lo correcto la mayor parte del tiempo. Nos encontramos cayendo, pero si caemos, no es porque hayamos decidido ser inmorales, sino porque moralmente nos encontramos deslizándonos cuesta abajo, poco a poco, a pesar de nuestros mejores esfuerzos; es decir, moralmente no tendemos a caer, como Gollum, sino más bien como Frodo. Verás, Frodo era un buen hobbit, pero con el tiempo, el anillo se fue apoderando de él: la fatiga, el cansancio, las presiones de la responsabilidad, los susurros seductores de Gollum y el debilitamiento gradual de su voluntad conspiraron contra él hasta que finalmente, como algunos recordaréis, Frodo fracasa. Moralmente, en el momento crítico, cae; no puede renunciar al anillo de poder y se entrega a él; deja de lado el bien. Y al final, solo un inigualable acto de la providencia divina le salva a él y a todos los demás.

¿Cómo podemos luchar contra la falta de ética y la corrupción en la sociedad si ni siquiera podemos ganar la batalla por el bien en nuestras propias vidas? ¿Cómo nos enfrentamos al problema ahí fuera si también nos enfrentamos al problema dentro? Ese es el verdadero reto al que nos enfrentamos. Si el núcleo del problema humano es el problema del corazón humano, ¿cómo nos curamos a nosotros mismos? ¿Cómo salimos de este patrón racionalista y autoengaño?

Es interesante que, aunque fue escrita siglos antes que existiera la psicología moderna, la Biblia habla de este conflicto interno de deseos en la psique humana (*psique* es la palabra griega para alma). ¿Recuerdas a Saulo de Tarso, que se convirtió en el apóstol Pablo? Se consideraba a sí mismo un hombre moral, pero al mismo tiempo estaba dispuesto a hacer casi cualquier cosa para prosperar, incluso destruir la vida de los demás. En una de sus cartas a la Iglesia primitiva, que se puede encontrar en la Biblia, hay un relato muy honesto de sus luchas con el bien, con hacer lo correcto, incluso cuando no es lo más fácil. Él escribe:

Realmente no me entiendo a mí mismo, porque quiero hacer lo que es correcto, pero no lo hago. En cambio, hago lo que odio. Pero si yo sé que lo que hago está mal, eso demuestra que estoy de acuerdo con que la ley es buena… Quiero hacer lo que es correcto, pero no puedo. Quiero hacer lo que es bueno, pero no lo hago. No quiero hacer lo que está mal, pero igual lo hago. (Romanos 7:15-16, 18-19, NTV)

¿Quién de nosotros no simpatiza, de un modo u otro, con esta batalla por el bien que no siempre ganamos? Pero en la carta de Pablo no todo es negativo. Sigue diciendo que en Jesús encontró ayuda en esta lucha, definiendo la ayuda como una liberación de la esclavitud -en su caso, la esclavitud de hacer una y otra vez lo que sabemos que está mal. Como ser esclavo de uno mismo. Preguntando retóricamente en su carta quién le liberará de esta esclavitud, Pablo concluye con una nota de alegría: "¡Gracias a Dios que Cristo lo ha logrado!" (Romanos 7:25, NBV).

Esa era la experiencia personal que Pablo quería compartir con los demás: que en la persona de Jesucristo había encontrado verdaderamente una nueva fuente de poder moral y espiritual para su vida. Por sí mismo, dice, había sido incapaz de liberarse de patrones de conducta contrarios a su propia conciencia. Pero, cuando se encontró con Jesús, encontró una salida, se sintió libre. No libre para vivir como le diera la gana, sino libre para vivir como debía. La libertad de elegir el bien.

3. Gracia cuando fallamos

Hay una antigua anécdota sobre dos pastores que iban a visitar a un hombre a quien su mujer había abandonado después de que lo sorprendiera engañándola. Mientras iban a aconsejarle, el pastor de mayor edad le preguntó al más joven: "¿Crees que en algún momento podrías hacer algo así?", a lo que el pastor más joven respondió: "No, de ninguna manera podría hacer algo tan despreciable". El pastor de mayor edad replicó: "Bueno, entonces será mejor que te vuelvas a casa. Yo me ocuparé de esto solo".

La experiencia humana, así como la psicología moderna, nos muestra que moralmente los seres humanos podemos fallar de la misma manera. Incluso teniendo las mejores intenciones podemos caer. Y cuanto menos nos damos cuenta, más capaces somos.

Vemos esta dinámica en las vidas de los muchos hombres y mujeres venerados que aparecen en la Biblia. Todos los personajes conocidos -Adán, Eva, Abraham, Sara, Moisés, Miriam, David, Pedro, Pablo, por nombrar algunos- fracasaron moralmente. Y a menudo de manera estrepitosa.

Creo que esto sorprende a mucha gente que no conoce bien el cristianismo. Muchos tienen la idea de que el cristianismo consiste en ser buena persona, como un club para gente que se cree más santa que los demás. Pero según la Biblia, ser cristiano no consiste principalmente en ser buena persona, sino en tener relación con una persona (Dios) que es buena. Totalmente buena. Pero este Dios totalmente bueno no nos dice: "Vosotros también tenéis que ser totalmente buenos, sí o sí". La historia cristiana es que, a través de Jesús todos estamos invitados, ya seamos buenos o malos, a relacionarnos con Él.

Los cristianos llamamos a este mensaje (que no tenemos que ser lo suficientemente buenos para ser aceptados por Dios) "buenas noticias", y la palabra que usan para describir el trato de Dios con nosotros de esta manera es "gracia". Gracia significa recibir lo que no merecemos, de buena manera.

Vemos esta gracia, por ejemplo, en una historia registrada en la Biblia sobre un encuentro entre Jesús y un hombre llamado Zaqueo. Curiosamente, el nombre Zaqueo significa "justo". Esto nos da a entender que probablemente Zaqueo procedía de una familia religiosa. Pero resulta que su nombre debió de sonar a burla a quienes lo conocían, porque Zaqueo era todo menos justo. En lugar de convertirse en un buen muchacho judío, como esperaban sus padres, Zaqueo había elegido formar parte del gran sistema político que en aquel momento de la historia oprimía al pueblo judío: se había convertido en recaudador de impuestos para el Imperio romano. Nada menos que jefe de los recaudadores de impuestos. Recaudaba dinero de su propio pueblo judío para dárselo a los amos romanos, y al mismo tiempo se quedaba con una buena tajada de ese dinero.

No es de extrañar, entonces, que, aunque Zaqueo era un hombre rico, en general se le despreciara por su comportamiento corrupto y egoísta.

Sin embargo, la historia bíblica da un giro inesperado. Tal vez fuera simplemente por curiosidad, o tal vez sintiera de verdad que le faltaba algo importante en la vida; en cualquier caso, algo en Jesús captó la atención de Zaqueo. Tanto es así que, como cuenta la Biblia, hizo todo lo posible por ver a Jesús cuando pasaba por Jericó. Como era un hombre bajo, no podía ver por encima de la multitud que solía acompañar a Jesús cuando llegaba a un pueblo. Por eso, Zaqueo se subió sin dudarlo a un sicómoro para verlo bien. Cuando Jesús llegó al lugar donde estaba Zaqueo, se detuvo, levantó la vista y lo vio; y, en un momento crítico del encuentro, llamó a Zaqueo por su nombre y le dijo que bajara inmediatamente para poder visitar su casa. Para los moralistas y legalistas religiosos de la época de Jesús, era algo escandaloso. Zaqueo era un corrupto, un estafador, un traidor a su propio pueblo. Un desastre moral. Jesús no debería haber hablado con él, y mucho menos haberse invitado a sí mismo a la casa de Zaqueo. Lo único que Zaqueo merecía era el rechazo y la marginación.

Zaqueo, sin embargo, estaba feliz con la invitación. Respondió a Jesús inmediatamente, bajando de su puesto de observación, tal como Jesús le había pedido que hiciera. Y no solo recibió a Jesús en su casa, sino también en su corazón, porque el impacto de su encuentro con Jesús transformó su vida por completo. Se comprometió a dar la mitad de sus bienes a los pobres y a devolver a los que había estafado cuatro veces más de lo que les había robado. Así sucedió que, al encontrarse con Jesús y con su amor, el alma egoísta de Zaqueo quedó de algún modo curada. Su motivación no era ya "¿cuánto puedo *conseguir*?" sino, "cuánto puedo *dar*".

Leemos que Jesús le dijo: "la salvación ha venido hoy a esta casa" (Lucas 19:9, NTV). Salvación significa libertad. Libertad del alma. Y una relación con Dios que dura para siempre. Lo fascinante es que la salvación, en algunas otras religiones, es algo que ganas, algo por lo que te esfuerzas mediante buenas palabras y buenas obras. Pero lo que queda meridianamente claro en esta historia bíblica es que Zaqueo no merecía la salvación. Su vida no merecía el amor de Dios. Sin embargo, lo recibió como un don de *gracia* cuando abrió su corazón a Jesús.

Curiosamente, esta es una de las cosas que uno descubre cuando empieza a leer la Biblia, que este asunto de la gracia -de recibir lo que no merecemos- es el mensaje recurrente del libro. El cuadro que pinta la Biblia es que, aunque Dios desea que todas las personas vivan vidas moralmente buenas, hay gracia cuando fallamos para aquellos que están dispuestos, como Zaqueo, a recibir la gracia y el perdón.

Podríamos decir, entonces, que Zaqueo el recaudador de impuestos descubrió en la persona de Jesucristo: 1) un motivo para obrar el bien, 2) ayuda para obrar el bien y 3) gracia en su fracaso. Aunque puede que nunca hayamos hecho trampas en la vida o en los negocios de forma tan espectacular como Zaqueo -o quizás sí-, ¿no necesitamos también todos nosotros estas tres cosas?

4

¿Qué es la verdad?

¿Existe e importa la verdad?

¿Podemos conocer de manera segura la verdad absoluta?

Pensar en las grandes preguntas de la vida -sobre el sentido, el propósito, el valor y la bondad- forma parte de lo que quiere decir ser humanos. Sin embargo, mientras muchos buscan respuestas a estas preguntas, otros han llegado a la conclusión de que no las hay o de que, aunque existan, nunca sabremos cuáles son.

Según mi experiencia en los campus universitarios, este escepticismo es una actitud predominante en el mundo académico: la opinión de que, aunque existan respuestas a estas importantes preguntas, están fuera de nuestro alcance. El gran pensador francés Blaise Pascal llegó a una opinión parecida hace más de 300 años. Nacido en Francia en 1623, fue un matemático, filósofo y científico de renombre. Por citar solo un ejemplo de su genialidad, Pascal inventó en su adolescencia una máquina de calcular que se convertiría en el primer precursor del ordenador moderno.

Tuvo problemas de salud durante muchos años y solo llegó a cumplir los treinta y nueve. Pero a lo largo de su vida, Pascal reflexionó profundamente sobre las grandes cuestiones de la vida, incluida la cuestión de Dios. Como filósofo, Pascal había razonado, como muchos pensadores posmodernos hoy en día, que dado que somos seres finitos, es un poco estúpido, incluso arrogante, pensar que podemos hablar con certeza sobre la naturaleza de la realidad última, incluida la existencia de Dios. Es famosa su descripción de los seres humanos como seres que se encuentran suspendidos entre un infinito superior (a nivel astronómico) y un infinito inferior (a nivel atómico). El conocimiento de la realidad absoluta, argumentaba, debe por tanto permanecer para siempre más allá de nuestro limitado alcance.

Pero Pascal también era cristiano. Poco después de su muerte, se encontró un manuscrito cosido al bolsillo de su chaqueta. En el manuscrito estaban inscritos algunos de los pensamientos de Pascal que describían su profunda conversión al cristianismo, ocurrida ocho años antes, entre ellos el siguiente: "No el Dios de los filósofos y eruditos, sino el Dios de Abraham, Isaac y Jacob".

No el Dios de los filósofos…

¿Qué quería decir Pascal con estas palabras? ¿Acaso quería decir que el cristianismo estaba de alguna manera en contra de la filosofía? ¿Quería decir que las personas reflexivas e inteligentes, como los filósofos, no podían creer en el Dios de la Biblia?

No quería decir ninguna de estas cosas. Él mismo era filósofo y, de hecho, muchas, si no la mayoría, de las mentes más brillantes de la época de Pascal entendían que un Dios diseñador era la mejor explicación para la existencia de este asombroso universo que habitamos (con su extraordinaria impresión de orden y diseño); y también para la existencia de los seres humanos (dada nuestra conciencia, racionalidad, sentido moral, anhelos espirituales e inclinación a la adoración).

Más bien, lo que Pascal quería decir con su afirmación -no el Dios de los filósofos- era lo siguiente: que Dios es mucho más que un concepto filosófico abstracto. Es mucho más que la "primera causa" o el "motor primigenio" que los filósofos definen a veces como el origen del universo. Pascal llegó a la conclusión radical de que Dios es en realidad una persona. Que se relaciona. Alguien que nos conoce por nuestro nombre y con quien podemos relacionarnos.

Eso nos lleva a preguntarnos: si Pascal razonaba que nuestra naturaleza finita significa que el conocimiento de la realidad absoluta está para siempre fuera del alcance del descubrimiento humano, ¿por qué se adhirió al cristianismo? ¿Por qué sostenía *él* que Dios estaba detrás de todo? ¿Siguió siendo cristiano por mero capricho, simplemente por tradición cultural o por convención social? ¿Fue su cristianismo solo una elección vital? ¿Tenía que dejar su cerebro de filósofo en la puerta cuando iba a la iglesia? No, nada de esto. Verás, Pascal no dijo que era imposible para nosotros conocer la realidad absoluta, dijo que no podíamos conocerla por nosotros mismos.

Pero ¿y si la realidad absoluta es, en definitiva, personal y quiere ser conocida? Se dio cuenta de que eso cambiaría por completo las reglas del juego. Porque entonces sería posible para nosotros, seres finitos, conocer la realidad absoluta. Y en realidad, esa es la conclusión a la que Pascal finalmente llegó: Dios mismo -la realidad absoluta, el Creador del universo- quiere ser conocido y se nos ha revelado entrando en nuestra historia humana espacio-temporal, como hizo en los tiempos de Abraham, Isaac y Jacob, y como hizo más clara e íntimamente en y a través de Jesucristo.

Una respuesta razonable

Lewis planteó algo semejante al responder a los comentarios que Yuri Gagarin hizo sobre Dios tras regresar a la Tierra como primer hombre que salió al espacio.

Al parecer, el cosmonauta ruso anunció al mundo que su ateísmo estaba justificado porque había estado en el espacio exterior y no había visto a ningún Dios. La brillante respuesta de Lewis fue que eso era como si Hamlet fuera al desván de su castillo en busca de Shakespeare. El argumento de Lewis era que, si Dios existe, no vamos a encontrarlo simplemente buscando debajo de cada roca, en la cima de cada montaña o incluso detrás de cada planeta del sistema solar. ¿Por qué? Porque, razonaba Lewis, Dios no es simplemente un personaje más de la obra; es el propio Dramaturgo. No es una vida más en el universo, sino el Autor de la vida misma, el Creador de este universo.

Pero... ¿Y qué tal si el Gran Dramaturgo, el Autor de la vida, quisiera darse a conocer a nosotros, los personajes de su historia, tal como Pascal sugirió que era posible?

Lewis nos pide que imaginemos por un momento que William Shakespeare hubiera querido revelar su existencia a Hamlet. ¿Podría hacerlo? Sí que podría, al menos de dos maneras. Podría escribir pistas sobre sí mismo en la obra, indicando a Hamlet su existencia; o, de manera más íntima, podría escribirse a sí mismo en la obra, convirtiéndose a la vez en autor y personaje.

Pascal (y Lewis) creían que el Dios de la Biblia había hecho ambas cosas por nosotros, al igual que muchos pensadores importantes de hoy en día, como filósofos de talla mundial, científicos galardonados con el Premio Nobel y respetados historiadores.

El filósofo Immanuel Kant escribió: "Dos cosas me llenan cada vez más de asombro: el cielo estrellado sobre mí y la ley moral dentro de mí".

Los cristianos creemos que Dios ha escrito pistas sobre sí mismo en el tejido mismo de nuestra existencia, tanto en este mundo deslumbrantemente bello y complejo que habitamos como en el mundo interior, igualmente bello pero complejo, de nuestras propias intuiciones, anhelos y experiencias humanas. Ambos cuentan una historia.

Pero además de estos tremendos indicios externos e internos (que examinaremos con más detalle en los próximos capítulos), el cristianismo afirma que Dios también se ha escrito a sí mismo en la historia. En la persona de Jesucristo, Dios mismo, se nos dice, entró en nuestra historia humana espacio-temporal y se convirtió en uno de nosotros. Un ser humano. Y no un ser humano cualquiera, sino el protagonista de la historia humana. En un artículo de la revista *Time* de 2013, se decía que de todas las personas que han pisado la faz de este planeta, de todas ellas quien ha dejado la mayor huella histórica es este carpintero judío de Nazaret llamado Jesús (otra cosa que trataremos más detenidamente en los próximos capítulos).

Este es uno de los aspectos más notables del cristianismo. Muchos han tratado de rechazarlo como apenas un mito o cuento de hadas. Pero cuando lees sobre la vida de Jesús en la Biblia, ves que no se parece a las historias de los dioses de los mitos y leyendas, cuyas aventuras y hazañas no tienen contacto con la historia humana. Verás que Jesús vivió realmente en un lugar que podemos visitar y en una época de la historia que podemos estudiar. Leerás sobre Herodes y Judea, César Augusto y el Imperio romano. En otras palabras, se trata de personas reales, lugares reales, acontecimientos reales e historia real. Y a diferencia de cualquier cuento de hadas, las afirmaciones del cristianismo pueden ser investigadas objetivamente porque habla de hechos que han sucedido en el mundo real. Nuestro mundo.

La verdad pública

Veamos, por ejemplo, lo que los historiadores nos cuentan sobre la vida de los seguidores de Jesús en los años posteriores a su crucifixión. Quienes vieron cómo se trataba a los seguidores de la Iglesia primitiva debieron preguntarse por qué alguien elegiría voluntariamente seguir a Jesús. Las autoridades romanas los persiguieron por su fe. Pero, lo interesante es que no había nada por lo que los seguidores de Jesús tuvieran qué ser perseguidos. Al fin y al cabo, desde el punto de vista religioso la sociedad romana era relativamente tolerante y pluralista. Uno podía pasear por una ciudad romana y encontrarse con la más amplia variedad de templos religiosos en los que rendir culto y filosofías que abrazar. El Imperio aceptaba e incluso fomentaba tal diversidad de creencias y expresiones. ¿Por qué entonces los cristianos en particular fueron perseguidos, excluidos e incluso echados a los leones por su fe?

Para entenderlo, hay que saber que la religión en Roma se dividía en dos categorías: *cultus privatus* (religión privada) y *cultus publicus* (religión pública). Religión privada significaba aquella religión cuyas enseñanzas e ideas se consideraban verdaderas para los miembros de una comunidad religiosa en particular. La religión pública era aquella religión que se consideraba verdadera para todos. En el Imperio romano existían muchas religiones privadas diferentes, pero según la ley, solo podía haber una religión pública, una única religión que debía ser seguida por todos, y esa religión era el culto al César.

Para la mayoría de la gente, era un trato bastante justo y se atenían a las reglas. Pero entonces llegaron los primeros cristianos con un mensaje de buenas noticias sobre Jesucristo que afirmaba que no solo era verdad para los cristianos, sino para todos. Se negaban a tratar esta noticia sobre Jesucristo como una mera verdad privada y tampoco estaban dispuestos a inclinarse y adorar al César como Señor supremo. En consecuencia, entraron en conflicto con el Estado, con el mismísimo César todopoderoso.

La razón por la que los primeros cristianos creían que la buena nueva de la vida, muerte y resurrección de Jesucristo era inevitablemente una verdad pública es que era algo más que una simple idea en la que creer, un ideal por el que luchar o un valor que defender. Para ellos, la buena nueva era un *hecho* histórico objetivo. Jesús había demostrado claramente su señorío en su vida, enseñanzas y milagros, y lo que es más importante, en su resurrección. Había dicho que resucitaría de entre los muertos y, según sus discípulos, lo hizo literalmente, es decir, de verdad.

Los discípulos habían sido testigos presenciales de estos acontecimientos históricos, y lo que ocurre con un acontecimiento histórico es que es, por definición, una verdad pública en el sentido de que es verdad para todos, nos guste o no, y encaje o no convenientemente en nuestras cosmovisiones previas. Uno puede no creer que un acontecimiento histórico haya sucedido, pero si sucedió, el que nos neguemos personalmente a creerlo no altera el hecho público de que sucedió.

Para los primeros cristianos, la noticia de Jesús no solo era una verdad pública, sino que también era una verdad que debía compartirse públicamente, porque para ellos era una muy buena noticia y sería egoísta no compartirla con los demás. Y así, después de haber sido testigos de estos maravillosos acontecimientos -en particular la resurrección, que para los primeros cristianos se deletreaba "E-S-P-E-R-A-N-Z-A"- no podían en conciencia mantener la buena noticia para ellos solos.

Curiosamente, en algunas partes del mundo los cristianos siguen siendo perseguidos hoy en día por su negativa a dejar de promover esta "buena noticia" como verdad pública acerca de Jesús, normalmente por parte de gobiernos totalitarios o grupos religiosos totalitarios que desean controlar lo que la gente puede creer o no creer. Desgraciadamente, la Iglesia también ha sido culpable de hacer esto en determinados momentos de la historia, como durante la Inquisición, pero siempre que lo ha hecho, lo ha hecho violando directamente las enseñanzas del propio Cristo.

Incluso hoy en día, en las llamadas sociedades liberales, tolerantes y democráticas, las personas que creen en Dios siguen sufriendo presiones de diversos tipos para mantener su fe en privado. Lesslie Newbigin, un clérigo que ejerció su ministerio la mayor parte de su vida en la India, al regresar al Reino Unido en sus últimos años, hizo una interesante observación sobre la idea occidental moderna de diversidad y tolerancia surgida durante su ausencia. Observó que si hay dos científicos que realizan el mismo experimento en sus laboratorios, con los mismos materiales y en las mismas condiciones, y acaban produciendo resultados contradictorios, no se abrazan y dicen: "¡Qué alegría vivir en una sociedad diversa y pluralista!". Sino que siguen discutiendo y evaluando el asunto hasta que se demuestra que uno de los dos, o ambos, están equivocados en sus conclusiones. Por el contrario, dijo, creer que algo es cierto para todos en el ámbito de las creencias religiosas e intentar convencer a los demás de que es cierto, se considera arrogante, intolerante, un intento de dominación o incluso una intromisión indebida en la intimidad de la vida de otras personas. ¿Por qué se responde de manera tan diferentes? Porque, observó, mientras que nosotros creemos que la ciencia se mueve en el terreno de los hechos, creemos que la religión se mueve en el terreno de los valores, y uno no debe imponer sus valores a otra persona.

Pero como observó Newbigin, esta dicotomía hechos/valores es sencillamente equivocada, al menos en lo que se refiere al cristianismo. Esto se debe a que, aunque el cristianismo tiene valores, no trata principalmente de valores, sino de hechos. Como hemos visto, el cristianismo tiene que ver con realidades que Dios ha obrado en la historia de la humanidad. Cosas que pueden ser investigadas y discutidas objetivamente.

Por ejemplo, el apóstol Juan habló de la fe en el Señor Jesús en el contexto de "lo que hemos oído, lo que hemos visto con nuestros propios ojos, lo que hemos contemplado, lo que hemos tocado con nuestras manos" (1 Juan 1:1, NVI). Lucas escribió al principio de su relato evangélico sobre Jesús que el mensaje cristiano depende de lo que "las cosas que han sucedido entre nosotros, tal y como nos las transmitieron los que desde el principio fueron testigos presenciales y servidores [de Jesús]" (Lucas 1:2, NVI). El apóstol Pablo, en sus cartas a las iglesias, se refirió a acontecimientos de la historia judía que sirvieron de ejemplo a los creyentes del siglo primero.

El cristianismo está lleno de afirmaciones históricas y fácticas. Y al igual que el ejemplo de los dos científicos que investigan juntos sus diferentes conclusiones sobre los hechos, podemos discutir las afirmaciones fácticas que hace el cristianismo y someter esas afirmaciones a un riguroso examen intelectual. Puede que acabemos discrepando sobre la veracidad de esas afirmaciones fácticas, pero el hecho de que dos personas puedan discrepar entre sí no significa que en el proceso ninguna de ellas tenga que ser desagradable con la otra. Lo creas o no, es posible que incluso los mejores amigos discrepen sobre determinadas afirmaciones realmente importantes acerca de la verdad. Y, al fin y al cabo, cuanto más dispuestos estemos a debatir juntos sobre las cosas que importan, más probabilidades tendremos, al igual que ocurre con el esfuerzo científico, de afirmar poco a poco lo que es cierto y abandonar lo que no lo es.

¿Importa la verdad?

Hoy en día, sin embargo, cada vez hay más personas que no creen realmente que la verdad o "los hechos" tengan ninguna importancia. Mientras que la analogía de Newbigin sobre los dos científicos supone que vivimos en una sociedad que se interesa por la verdad de las cosas, culturalmente parece que vamos en una dirección que hace que tal suposición sea un tanto incierta.

En 2016, la revista *The Economist* publicó un influyente artículo en el que sostenía que Occidente se ha convertido en la sociedad de la posverdad. Es decir, una sociedad en la que la opinión pública está mucho más influida por llamamientos a la emoción y a la opinión personal que a hechos objetivos. A finales de ese año, el *Oxford English Dictionary* dijo que "Post-verdad" fue la palabra del año.

El célebre filósofo canadiense Charles Taylor ha definido nuestra sociedad occidental moderna como desencantada. La llama desencantada porque la opinión del intelectualismo oficial es que ya no creemos en nada trascendente. No creemos en absolutos. Dios solía ser considerado como uno de esos absolutos. Ahora ya no. La verdad objetiva se consideraba uno de esos absolutos. Ahora ya no.

¿Ha muerto la verdad? Esa era la provocadora pregunta de la portada de la revista *Time* en marzo de 2017, muy parecida a la famosa portada de *Time* de 1966: "¿Ha muerto Dios?". En un mundo de bulos, hechos alternativos, corrección política y tribalismo apenas velado, es una pregunta que actualmente se hacen muchos.

Y para colmo, existe una confusión cultural en lo que se refiere al concepto de la verdad.

Por un lado, está el mundo académico y, en él, la visión popular de la verdad es que es relativa, cultural, construida socialmente. No existe una verdad absoluta u objetiva, sino opiniones y perspectivas personales. Lo que es verdad para un individuo o una cultura es verdad para ellos, pero no necesariamente para los demás.

Por otro lado, está la vida cotidiana y el sentido común. En la vida cotidiana, la verdad parece cualquier cosa menos relativa. Tanto si recibimos una factura detallada del mecánico en la que nos dice lo que hay que arreglar como si leemos un extracto bancario para ver cuánto dinero hay en nuestra cuenta, tanto si testificamos ante un tribunal como si nos hacen el estudio de la estructura de una casa o vamos al médico, no vivimos como si la verdad fuera relativa. No vivimos como si la verdad no fuera importante o no existiera. No vivimos como si una opinión fuera tan legítima como cualquier otra. ¿Por qué no? Porque sabemos, por razón y experiencia, que la verdad importa.

No hace mucho, mi hija Grace, que entonces tenía cuatro años, me despertó para decirme que mi hijo Jonathan, que entonces tenía tres, se había hecho daño. Cuando entré en su habitación, encontré a Jonathan en el suelo sin poder andar, sin poder usar las piernas. Como llevaba varios días con fiebre alta, era muy posible que la causa de su incapacidad para andar fuera muy grave, así que nos dirigimos rápidamente al hospital.

Nos sentimos muy aliviados cuando el pediatra del hospital finalmente nos dio la noticia de que, aunque la fiebre le había provocado alguna rotura muscular en las piernas, no era nada demasiado grave, y que con mucho reposo y líquido se recuperaría y pronto volvería a andar.

¿Ha muerto la verdad? ¿Importa la verdad?

En el caso de mi hijo Jonathan, mientras esperaba en la habitación del hospital los resultados de su análisis de sangre, la respuesta era obvia. Sí. La verdad importaba. Yo no buscaba ideas, perspectivas, pensamientos o sentimientos diferentes sobre lo que le aquejaba. Buscaba un diagnóstico. Buscaba autoridad. Buscaba la verdad.

La innegable verdad

Respondiendo a quienes sostenían que la verdad es relativa, el filósofo de Oxford Roger Scruton escribió: "Quien dice que no hay verdades, o que toda verdad es "meramente relativa", te está pidiendo que no le creas. Así que no lo creas".

Ese es, quiero sugerir, el problema esencial para quienes sostienen que no hay verdad. Por un lado, dicen que la verdad no existe. Por otro lado, sostienen como verdad que la verdad no existe. Es una contradicción lógica. Una contradicción que, por desgracia, mucha gente no ve; es decir, hasta que la realidad les da un mordisco y les recuerda que la verdad existe, nos guste o no.

Esto me recuerda una historia aparentemente ficticia, pero no por ello menos cómica, que encantado descubrí un día en la *web* escocesa de la BBC, sobre una conversación radiofónica que se dice tuvo lugar entre británicos e irlandeses frente a las costas del condado de Kerry, en Irlanda. La conversación decía lo siguiente:

Irlandeses: Por favor, desvíen su rumbo 15 grados al sur para evitar una colisión.
Británicos: Le recomiendo que desvíe su rumbo 15 grados al norte para evitar una colisión.
Irlandeses: Negativo. Tendrá que desviar su rumbo 15 grados al sur para evitar una colisión.

Británicos: Soy el capitán de un barco de la marina británica, le repito que desvíe SU rumbo.

Irlandés: Negativo. Le repito que desvíe su rumbo.

Británicos: ¡ESTE ES EL PORTAVIONES HMS BRITANNIA! EL SEGUNDO BARCO MÁS GRANDE DE LA FLOTA BRITÁNICA DEL ATLÁNTICO. NOS ACOMPAÑAN TRES DESTRUCTORES, TRES CRUCEROS Y NUMEROSOS BUQUES DE APOYO. EXIJO QUE CAMBIE SU RUMBO 15 GRADOS AL NORTE, REPITO, 15 GRADOS AL NORTE O SE TOMARÁN LAS MEDIDAS OPORTUNAS PARA GARANTIZAR LA SEGURIDAD DE ESTE BUQUE.

Irlandeses: Somos un faro. Usted decide.

Quiero sugerir que la verdad es muy parecida al faro de la historia. Existe tanto si quieres reconocerlo como si no. Y la ignoras por tu cuenta y riesgo. Como observa irónicamente Dallas Willard: "La realidad es aquello en lo que incurres cuando te equivocas".

Hay otras cosas en la vida que son solo cuestiones de opinión o perspectiva. Por ejemplo, ¿qué sabe mejor, Coca-Cola Zero o Pepsi Max? O qué vacaciones son mejores, una semana en la playa o una semana

de escalada en roca? No hay una respuesta necesariamente correcta o incorrecta, a menos que seas mi mujer, en cuyo caso la respuesta correcta es la playa. Pero en realidad, las respuestas a estas cosas son solo cuestiones de preferencia.

Otras cuestiones, sin embargo, tienen que ver con realidades, se trata de hechos: ¿es este refresco bueno para mi salud o no? ¿Aguantará mi peso esta cuerda?, ¿sí, o no? ¿Es un barquito lo que tengo delante... o un faro?

Muchos piensan que las grandes cuestiones religiosas y filosóficas de la vida son meras cuestiones de preferencia o gusto, de la misma categoría que las preguntas "¿Cuál es tu refresco preferido?" o "¿Cuál es el sitio favorito para tus vacaciones?". Pero no lo son. Se trata de hechos.

¿Estamos aquí por accidente o con un propósito? ¿Hay una forma de vivir correcta o incorrecta? ¿Hay vida después de la muerte? ¿Tengo alma? ¿Existe Dios? Se trata de hechos. O hay vida después de la muerte, o no la hay. O existe Dios, o no existe. Jesucristo ha resucitado de entre los muertos y está vivo hoy, o no lo está.

Ahora, como individuos con libertad de elección, todos necesitamos tomar nuestras propias decisiones sobre estas importantes cuestiones, cada persona debe pensar, investigar y decidir por sí misma, pero lo único que no podemos decir es que la verdad no importa.

Algunas de las decisiones que tomamos en la vida valen por un día, una semana o un año. Otras decisiones importan durante toda la vida. Pero cuando se trata de las grandes cuestiones, como la cuestión de Dios, se trata de una elección que importa para toda la eternidad.

Lewis lo expresó así: "Lo que afirma el cristianismo, si es falso, no tiene importancia, pero su importancia es infinita en caso de ser verdadero. Lo que no puede es ser importante a medias". Por la misma razón, Pascal también llegó a la conclusión de que, si fueras un jugador, sería insensato que no decidieras al menos tomar en cuenta e investigar seriamente el cristianismo, porque no hay absolutamente nada que perder investigando, pero posiblemente sí mucho que ganar.

Pero tomar algo como el cristianismo y decir: "Bueno, puede que sea verdad, o puede que no sea verdad", no encaja bien en el ambiente cultural actual, no solo porque se piense que la verdad es relativa o subjetiva, sino también porque las afirmaciones de verdad objetiva se consideran ofensivas. Hablar de verdad objetiva ha llegado a ser considerado por muchos como un acto de agresión.

Verdad y tolerancia

¿Cómo hemos llegado hasta aquí? Se ha desarrollado una visión popular de la verdad que sostiene que todas nuestras creencias e ideas han sido construidas socialmente y, generalmente, por quienes detentan el poder. Por tanto, las afirmaciones generales sobre la verdad son vistas con gran recelo, como intentos de dominar y suprimir la libertad individual. Y nada se valora más en Occidente que la libertad individual.

Las afirmaciones sobre la verdad implican que quienquiera que piense de forma diferente está equivocado, pero decir que la gente está equivocada es privarles de su derecho a sentirse respaldados en sus más firmes convicciones. Y todos tenemos derecho a sentirnos respaldados, ¿verdad? Sin embargo, el resultado de este tipo de pensamiento -por muy bienintencionado que sea- es que ya no nos sentimos cómodos hablando en público de lo que consideramos cierto porque tememos que, al hacerlo, podamos ofender a alguien.

Nos enorgullecemos de ser una sociedad tolerante. La tolerancia solía significar algo así como el comentario atribuido a Voltaire: "Desapruebo lo que dices, pero defenderé hasta la muerte tu derecho a decirlo". Así se entendía antiguamente la tolerancia. El nuevo concepto de tolerancia, como señala D. A. Carson, significa, por el contrario: "No puedo, no quiero y no me atrevo a desaprobar lo que dices, porque lo que tienes que decir es tan válido como lo que yo digo. Y mataré a quien diga lo contrario".

Con otras palabras, la nueva tolerancia no solo tolera a todas las personas, sino también todas las ideas. Decir que unas ideas son correctas y otras incorrectas es ahora intolerante, una forma de abuso. Así pues, lo que es verdad para ti es verdad para ti; y lo que es verdad para mí, es verdad para mí. Pero lo que nunca debemos decir es que algo es verdad para todos. Eso se consideraría una violación de nuestra libertad de definir la verdad por nosotros mismos. Eso sería intolerante; y en un mundo de posverdad que rechaza todas las certezas y todos los absolutos, una cosa es absolutamente cierta: no hay que tolerar la intolerancia.

La pregunta de si Jesucristo era tolerante o intolerante es muy interesante. Por un lado, nadie estaba fuera de los límites de su amor. Jesús amaba a todas las personas, incluso a algunas muy desagradables. Pero, por otro lado, no le gustaban todas las ideas. Por eso, lo que Jesús tenía que decir es tan increíblemente chocante en el mundo de hoy. Jesús no pretendía tener una verdad, o una de varias verdades. Afirmó ser la Verdad.

Para que la verdad no sea en última instancia relativa, tiene que haber un punto fijo que sirva de referente a todo lo demás, un referente óntico (usando el lenguaje de los filósofos) o una estrella polar (si usamos el de los poetas). Lo que Jesús afirmaba es que él era ese punto fijo. Esa estrella segura. La fuente última y el árbitro de la verdad y la realidad.

Dijo: "Yo soy... la verdad" (Juan 14:6). También dijo: "La verdad os hará libres" (Juan 8:32).

Verdad y libertad

Esa frase (que la verdad os hará libres) es el lema en general adoptado por la mayoría de universidades de todo el mundo. Sin embargo, en las últimas generaciones, la universidad se ha convertido en un lugar donde muchos han aprendido a devaluar y desconfiar del concepto de la verdad. Muchos han llegado a pensar que la verdad es algo que, en lugar de promover la libertad, como dijo Jesús, en realidad nos restringe, nos limita, nos encasilla. ¿Podría ser esta una de las razones por las que, como sociedad, nos hemos alejado de la verdad? ¿Será porque, en el fondo, sentimos que la verdad podría interponerse ante algo que anhelamos mucho más? La libertad. Libertad sin restricciones ni responsabilidades. ¿La libertad de poder hacer lo que queramos, cuando queramos y con quien queramos, sin que nada ni nadie nos contradiga?

Algunos pensadores ateos lo han admitido en sus momentos más abiertos y reveladores. Aldous Huxley, por ejemplo, escribió:

El filósofo que no encuentra sentido al mundo no se ocupa exclusivamente de un problema de metafísica pura. También le preocupa demostrar que no hay ninguna razón válida por la que él personalmente no pueda hacer lo que quiere hacer. Para mí, como sin duda para la mayoría de mis amigos, la filosofía del sinsentido era esencialmente un instrumento de liberación de un determinado sistema moral. Nos oponíamos a la moral porque afectaba a nuestra libertad sexual.

Otro filósofo ateo, Thomas Nagel, escribe con franqueza:

No es solo que no crea en Dios y, naturalmente, espero tener razón en lo que creo. Es que espero que Dios no exista. No quiero que haya Dios; no quiero que el universo sea así. Supongo que este problema de autoridad cósmica no es una rareza…

En el artículo de la revista *Time*, titulado "¿Ha muerto la verdad?", el tono no era de celebración, sino de advertencia. La pregunta clave que se hacía el autor era hacia dónde nos dirigimos como sociedad -social, política, culturalmente- si la verdad como divisa pierde todo su valor.

¿Qué ocurre con las personas que se alejan de la verdad?

Con respecto a nuestros campus universitarios, comentaristas de ambos lados del espectro político lamentan la pérdida de libertad de expresión. Cada vez más, los estudiantes boicotean o impiden que hablen a los oradores que se atreven a expresar sus creencias con certeza, porque se considera que esa certeza hace que los que quienes no comparten sus creencias se sientan mal y se nos dice que todo el mundo tiene derecho a sentirse a gusto en el campus.

Muchos comentaristas sociales que observan estos acontecimientos se preguntan si no estamos perdiendo de hecho nuestra libertad en su propio nombre. Nuestra libertad de expresión. Nuestra libertad de disentir. Nuestra libertad simplemente de discrepar.

Los estudiantes valoran correctamente la inclusión y la no discriminación y sienten con razón indignación moral cuando tales cosas se ven amenazadas. Pero si toda verdad es relativa, como creen muchos estudiantes, cabe preguntarse de dónde procede esa indignación moral. Si se basa en los derechos de los estudiantes,

¿de dónde proceden esos derechos? Porque sin verdad no hay derechos de los que hablar; porque sin verdad no existe ni el bien ni el mal.

Cuando nos sentimos moralmente indignados ante ciertas injusticias o ante la violación de la dignidad de una persona, es una pista de que la verdad, en este caso la verdad moral, existe en realidad. Porque no tiene sentido que una persona se indigne por algo a menos que realmente crea, en el fondo, que ese algo es absoluta, verdadera y objetivamente malo.

El problema de rechazar las afirmaciones sobre la verdad como meros intentos de ejercer poder sobre otras personas es que, al eliminar la verdad, en realidad estamos eliminando lo único que puede hablar en contra del poder abusivo porque, como Nietzsche señaló hace mucho tiempo, si la verdad no existe, entonces el poder es todo lo que queda.

Fue el reconocimiento general de la existencia de la verdad lo que permitió a personas como Martin Luther King Jr; Nelson Mandela; Václav Havel y Desmond Tutu decirle la verdad al poder. La verdad era todo lo que tenían a su disposición en sus luchas por la libertad contra leyes y regímenes opresivos, en las que acabaron triunfando.

"Una palabra de verdad pesa más que el mundo entero", escribió el novelista Aleksandr Solzhenitsyn, víctima él mismo de un régimen totalitario. Pero si ya no creemos en la verdad, entonces estamos en problemas, social y políticamente, porque ya no podemos reconocer una mentira. Y como observó sabiamente el periodista Walter Lippmann "No puede haber libertad para una comunidad que carece de los medios para detectar las mentiras". La verdad es un requisito absolutamente esencial para la libertad. Sin verdad no hay libertad. "Conoceréis la verdad -dijo Jesús- y la verdad os hará libres" (Juan 8:32). Esto es verdad no solo a nivel político, sino también a nivel personal.

En cierta ocasión oí una divertida historia sobre un niño que tenía muchas canicas bonitas. Pero este niño miraba constantemente la bolsa llena de caramelos de su hermana. Un día le dijo: "Si me das todos tus caramelos, te daré todas mis canicas". Ella se lo pensó mucho y aceptó el trato. Él cogió todos sus caramelos y volvió a su habitación a por sus canicas, pero cuanto más las admiraba, más reacio se sentía a renunciar a ellas. Así que escondió las mejores bajo la almohada y le llevó el resto. Aquella noche, ella durmió profundamente, mientras él daba vueltas inquieto, incapaz de conciliar el sueño y pensando para sus adentros: "¿Me habrá dado todos los caramelos?".

Como muestra la historia, la verdad nos trae libertad, mientras que la mentira conduce a la cautividad o la esclavitud -interiormente. Naturalmente, preferimos ser libres a esclavos, pero el problema es que no siempre preferimos la verdad a su contraria. ¿Por qué? ¿Por qué tenemos una relación tan incómoda con la verdad?

La verdad incómoda

En cierta ocasión, Aristóteles pidió a sus lectores que imaginaran a una persona moralmente perfecta, una especie de Dios entre nosotros. Alguien que fuera moralmente puro, pero que también pudiera mirar a los ojos de las personas y ver todo lo que habían pensado, dicho y hecho. ¿Qué haría la sociedad con una persona así? Preguntaba Aristóteles. Lo desterrarían o incluso lo matarían.

¿Por qué? Bueno, porque, ¿cómo te sentirías en presencia de alguien que es moralmente perfecto en todo momento y, al mismo tiempo, capaz de ver todo lo que has pensado, dicho y hecho, tus imperfecciones morales, incluidas las que nadie más puede ver? ¿Perfectamente a gusto? Lo dudo. Sé que yo no lo estaría. Me gustaría llevar unas gafas de sol oscuras en presencia de una persona así.

¿Por qué ese instinto de ocultación? Si somos honestos con nosotros mismos, todos tenemos partes de nuestro carácter, nuestros sentimientos, nuestros pensamientos o nuestras acciones que preferiríamos que la gente no viera. Cosas sobre nosotros que (tememos) alejarían a la gente o harían que se sintieran ofendidos, incluso asqueados, si alguna vez se enteraran. La verdad puede ser increíblemente incómoda.

Jesús habla de ello cuando dice: "La luz vino al mundo, pero la humanidad prefirió las tinieblas a la luz" (Juan 3:19, NVI). Como señala el conferenciante cristiano Michael Ramsden, puede que la oscuridad no sea agradable, pero permite que las cosas permanezcan ocultas. El problema de la luz es que revela las cosas tal como son en realidad.

Los amigos y seguidores de Jesús creían que Jesús era moralmente perfecto; literalmente, Dios entre los hombres. Un hombre que sabía lo que había en cada corazón humano. Algo increíble si tenemos en cuenta que vivieron y viajaron con Jesús las 24 horas del día, 7 días a la semana, durante tres años. Jesús mismo dijo: "Yo soy la luz del mundo" (Juan 8:12, NVI). Por tanto, es de esperar que incomodara a mucha gente, y cuando leemos sobre él en la Biblia, vemos que así lo hizo. La gente intentó echarlo de sus medios y, cuando eso no funcionó, acabaron por arrestarlo y matarlo bajo acusaciones falsas.

Pero también había muchos que lo amaban. ¿Cómo es que los amigos de Jesús, quienes lo amaban, podían resistir la mirada de alguien que conocía toda la verdad, que podía ver en lo más profundo de sus almas, que sabía todo lo que habían hecho y todo lo que habían pensado, y no tenían miedo?

La respuesta que nos da la Biblia es "amor". La Biblia dice que "el amor perfecto echa fuera el temor" (1 Juan 4:18, NVI); y que Jesús no solo tiene la capacidad de iluminar las profundidades de tu alma y ver tu verdadero yo, incluidos sus rincones más oscuros, sino que también te ama sin condiciones y no puede evitar amarte con un amor eterno.

Verdad y amor

Con otras palabras, esta luz que revela las sombras de tu corazón también tiene el poder de desvanecerlas. Porque esta luz, que es la verdad, no solo expone, sino que también cura; porque es tanto la luz del amor como la luz de la verdad. Verdad llena de amor y amor lleno de verdad -y no solo conceptualmente, sino personalmente, relacionalmente- en Jesucristo, la luz del mundo, el Hijo de Dios.

Hoy solemos decir que la mayor de las virtudes es la tolerancia. Pero si hace 100 años hubiéramos preguntdo a la gente cuál era la mayor virtud, habrían respondido "el amor". La tolerancia es un pobre sustituto del amor, y por eso todos preferiríamos oír las palabras "te quiero" en lugar de "te tolero". El poeta Criss Jami escribe que la tolerancia es la paciencia que ya no tiene esperanza y el amor que se ha rendido. Chesterton define lo que llamamos tolerancia como "el espantoso frenesí de los indiferentes".

Según la fe cristiana, Dios no se limita a tolerarnos, ni es indiferente hacia nosotros. La Biblia dice que Dios nos ama, y que somos, cada uno de nosotros, un tesoro para Él. Él ve nuestros corazones, tal como son en realidad, sin rechazarnos nunca. Y a través de Jesús nos ofrece el perdón por los males que hemos cometido y rescatarnos de los lados oscuros de nuestro carácter: nuestro egoísmo, nuestras adicciones, nuestra vergüenza y nuestra culpa.

Dicho de otro modo, el cristianismo afirma que nos ofrece la verdadera libertad: no simplemente la libertad de vivir como nos plazca, que es una libertad negativa (libertad de), sino la libertad de vivir la vida para la que fuimos creados, que es una libertad positiva (libertad para). Y afirma que necesitamos la luz de la verdad de Dios para ayudarnos a discernir plenamente la vida para la que fuimos creados; y la luz de su amor para llenarnos y capacitarnos para vivir plenamente esa vida para la que fuimos creados. Por tanto, es una invitación a conocer y experimentar esta verdad y este amor, no solo como una religión o filosofía, sino también como una relación con quien es la fuente de toda verdad y amor: Jesucristo. Si todo lo anterior es cierto, entonces deberíamos recibir esta invitación como una buena noticia, siempre que, por supuesto, no nos importe la implicación de que necesitamos ser rescatados. Pero si somos sinceros, no siempre nos gusta la idea de que necesitamos ser rescatados.

Recuerdo la vergüenza que sentí cuando era un niño de siete años y tuvieron que rescatarme para que no me arrastrara el mar adentro. Estaba en una pequeña canoa hinchable en la playa y luchaba por volver a la orilla remando contra la marea que me arrastraba. Si dos jovencitas no se hubieran dado cuenta de mi situación y no me hubieran ayudado, el mar me habría arrastrado. Yo no quería ser arrastrado por el mar, pero tampoco quería ser rescatado, ¡y menos por dos chicas! ¡Me daba tanta vergüenza! No quería reconocer la verdad: que necesitaba su ayuda. Les dije que me dejaran en paz, que no necesitaba su ayuda. Pero, afortunadamente, no hicieron caso de mi orgullo y me llevaron sano y salvo hasta la orilla.

He descubierto que en la vida necesitamos tanto la verdad como el amor. Necesitamos a alguien que nos diga la verdad sobre nuestra situación: tienes problemas, necesitas ayuda, ser rescatado. Y necesitamos a alguien que esté realmente dispuesto a ayudarnos. Necesitamos un maestro que nos enseñe lo que no sabemos, pero también necesitamos un maestro que esté dispuesto a ayudarnos a aprender lo que tenemos que saber. Necesitamos un entrenador que pueda decirnos en qué estamos jugando mal, y también necesitamos un entrenador que esté dispuesto a invertir en nosotros el tiempo que necesitamos para mejorar. Necesitamos un médico que pueda diagnosticarnos con precisión, y también necesitamos un médico que esté dispuesto a mancharse las manos de sangre y operarnos.

Si estudias la vida y las enseñanzas de Jesucristo, encontrarás ambas cosas. Hay verdad: se nos dice que estamos mucho más perdidos, espiritual y moralmente, de lo que jamás hubiéramos podido imaginar. Por tanto, necesitamos ser rescatados. Pero también hay amor: descubrimos que somos mucho más valiosos para Dios de lo que jamás hubiéramos imaginado. Por eso, Él ha venido a rescatarnos, pagando un alto precio.

Una vez oí la historia de una niña a la que sus padres le advertían una y otra vez que nunca se adentrara en el bosque que bordeaba su pequeña granja porque era peligroso y podía perderse en él. Pero un día, la niña decidió explorar todos los oscuros secretos del bosque. Cuanto más se alejaba, más espeso se volvía, hasta que perdió la orientación y no pudo encontrar el camino de vuelta. Al caer la noche, el miedo se apoderó de ella, y todos sus gritos y sollozos no hicieron más que agotarla hasta que se quedó dormida en el bosque. Amigos, familiares y voluntarios peinaron la zona, pero se dieron por vencidos en plena noche. Todos menos su padre, que siguió buscando. A la mañana siguiente, temprano, la niña se despertó con el primer rayo de sol y vio a su padre que corría hacia ella tan rápido como podía. Le tendió los brazos y, mientras él la envolvía con un fuerte abrazo, ella repetía una y otra vez: "Papá, te he encontrado".

¿Qué es la verdad?

Lo que nuestros corazones buscan desesperadamente -ser plenamente conocidos, y a la vez plenamente amados- lo encontramos, según la historia cristiana, en definitiva, en una persona que antes nos ha buscado a cada uno de nosotros: Jesucristo. Como es natural, si esta historia es cierta o no es algo que cada uno de nosotros debemos investigar personalmente; del mismo modo que si nos interesa o no la verdad es algo que debemos decidir por nosotros mismos. Dicho esto, independientemente de si estamos interesados en la verdad o no, según el relato cristiano, la Verdad sí está muy interesada en nosotros.

5

Encontrar el amor
¿Existe un amor que no me defraudará nunca?

Lo más grande del mundo

Imagina por un momento, si puedes, que todos descubriéramos de repente que solo nos quedan cinco minutos de vida. ¿Qué haríamos? correríamos todos al teléfono llamando a nuestros seres queridos y diciéndoles que los queremos. Así dice el ensayista y poeta Christopher Morley, hablando de este experimento imaginario como prueba de que la vida sin amor carece de sentido. Por muy famosos que lleguemos a ser o por muchos grandes éxitos que alcancemos, nada sustituye al amor.

Fue el poeta alemán Novalis quien escribió que el amor es "el Amén del universo". De igual manera, el biólogo y evangelista escocés Henry Drummond habló del amor como la cosa más grande del mundo.

Celebramos el amor, lo valoramos y lo anhelamos. Pero como se preguntaba el artista de Eurodance Haddaway en su famosa canción homónima: "¿Qué es el amor?".

Según los análisis de Google, esta pregunta -¿qué es el amor?- es una de las más frecuentes en Internet. Parte de la confusión se debe a que utilizamos la palabra amor en muchos contextos diferentes. Puedo decir: "Me encanta el chocolate. Me encanta el cricket. Quiero a mi perro. Quiero a mi mujer". Pero, espero, quiero decir algo diferente en cada caso.

¿Qué es el amor? ¿El amor de verdad?

Según una anécdota popular, un grupo de sociólogos planteó una vez esta misma pregunta a un grupo de niños de cuatro a ocho años. Estas fueron algunas de las respuestas de los niños:

Cuando a mi abuela le dio artritis, ya no podía agacharse y pintarse las uñas de los pies. Así que mi abuelo lo hacía por ella siempre, incluso teniendo artritis también en sus manos. Eso es amor.
(Rebecca, 8 años).

El amor es lo que hay contigo en la habitación en Navidad si dejas de abrir regalos y escuchas.
(Bobby, 7 años).

El amor es como una viejecita y un viejecito que siguen siendo amigos incluso después de conocerse tanto el uno al otro.
(Tommy, 6 años).

Amor es cuando mamá le da a papá el mejor trozo de pollo.
(Elaine, 5 años).

Amor es cuando mamá ve a papá sudando y oliendo mal y le sigue diciendo que es más guapo que George Clooney.
(Chris, 7 años).

Son unas estupendas definiciones del amor. Me parece que los niños entienden mejor lo que es el amor que muchos de los llamados expertos en el tema.

Amor moderno

Según el psiquiatra Larry Young, "el amor no es más que un cóctel de sustancias químicas que actúan en el cerebro para hacernos sentir amor". Del mismo modo, el científico Jim Al-Khalili sugiere que, en términos biológicos, "el amor es una poderosa categoría neurológica como el hambre o la sed, solo que más permanente". Y añade: "Hablamos de amor ciego o incondicional, en el sentido de que no tenemos ningún control sobre él. Lo cual no es tan sorprendente, ya que básicamente el amor es pura química".

Dicho de otro modo, contrariamente a lo que pensaban muchos de los grandes pensadores de la historia del amor -Aristóteles, Agustín, Shakespeare, Dostoievski-, que reconocían y hablaban de la belleza misteriosa, la sacralidad y la trascendencia del amor, la cultura moderna ha reducido en gran medida el amor a un fenómeno físico. Un apetito biológico. Como el hambre o la sed.

Vemos una manzana, sentimos hambre y nos la comemos. Vemos a una persona, sentimos amor, ¿y qué pasa? La amamos. ¿Pero cómo, por qué? ¿Cómo es esto si el amor es solo un apetito físico que necesita ser satisfecho?

Una de las canciones más conocidas de Jim Morrison y su grupo The Doors es su clásico "Hello, I love you". La frase "¿vas a decirme tu nombre?" es simpática y la canción es pegadiza. Pero plantea una pregunta: ¿se puede amar de verdad a alguien que no se conoce? La respuesta de tu abuela habría sido: "Claro que no", reconociendo que no se nos puede amar de verdad si no se nos conoce de verdad. Pero en una cultura en la que entendemos el amor como un apetito físico, creer que se puede amar a alguien que no se conoce en realidad tiene todo el sentido, porque entonces se trata solo de lo que yo siento. Es completamente subjetivo. Son mis sentimientos. Es mi apetito.

Sin embargo, lo que pasa con los apetitos es que a veces pueden aparecer muy rápidamente, pero, de igual manera, pueden desaparecer muy rápidamente o ligarse a otra cosa con la misma rapidez. El apetito viene y se va. Los sentimientos vienen y se van.

Pero si el amor no es más que un fenómeno físico sobre el que no tenemos ningún control, ¿por qué sentimos en nuestro corazón la necesidad de un amor que nunca nos deje ni nos abandone?

Will you still love me tomorrow?

¿Me seguirás queriendo mañana?

Es famosa la definición que Tom Wolfe hizo de la idea moderna del amor como tan solo el culto al yo y el dar rienda suelta a los propios impulsos. La doctora Elizabeth Lasch-Quinn diagnostica al amante moderno de hoy como "un soltero, carente de profundidad emocional, que vive al día, que rehúye cualquier compromiso que pueda frenar su realización personal y que ve a los demás como instrumentos manipulables en su propia búsqueda de realización".

Vemos la inevitable inseguridad que esta visión moderna del amor engendra de manera natural en las palabras de una canción de Carole King, escrita hace algunos decenios, pero que sigue siendo popular hoy en día: "Will you still love me tomorrow?" (¿Me seguirás queriendo mañana?).

La canción comienza con todo el romanticismo y la sensualidad que muchos de nosotros esperamos de la música *soul*. Canta el dulce amor de su amante, que por esa noche es todo suyo. Pero entonces surge la pregunta: ¿Me seguirás queriendo mañana? Mientras King sigue cantando, el placer de aquella noche se llena de incógnitas sobre el mañana: ¿es este placer momentáneo o duradero? Experiencias anteriores, tal vez, la llevan a cuestionarse si su amante le dice la verdad cuando afirma que ella es única para él. No puede evitar preguntarse si su corazón se romperá cuando pase la noche y llegue la mañana. Esencialmente, su pregunta es… ¿Me seguirás queriendo mañana?

Es una pregunta profunda nacida del corazón, una pregunta cuya respuesta esperamos que sea "sí". Pero, si el amor no es más que química y neurología sobre las que no tenemos control, ¿en qué se basa uno para prometer que seguirá amando a alguien mañana, y mucho menos en las buenas y en las malas, en la riqueza y en la pobreza, en la salud y en la enfermedad, hasta que la muerte los separe?

En un mundo que reduce constantemente todo lo importante a mera biología y química, tenemos que preguntarnos: "¿Hay algo importante todavía? ¿Hay algo sagrado?" O a la inversa: "¿Ni siquiera el amor sigue siendo sagrado?".

La pérdida de consciencia de la sacralidad del amor llevó a la invención o definición de un nuevo tipo de amor en el siglo XX, la idea del "amor libre".

El término, popularizado por pensadores de los años sesenta y setenta, vino a significar el amor sin compromiso, el amor sin costes, sacrificios ni condiciones. Pero, como señaló Chesterton, el amor libre es en realidad una contradicción. Porque la naturaleza del verdadero amor es comprometerse; la naturaleza del amor es sacrificarse; la naturaleza del amor es proteger. Chesterton escribe: "Como si un verdadero amante hubiera sido o pudiera ser libre. La naturaleza del amor es ligarse a sí mismo". Si somos sinceros, lo que hoy se considera amor suele definirse mejor como auto-gratificación o indulgencia que como amor.

Hay un libro en la Biblia llamado el Cantar de los Cantares. Celebra la belleza del amor entre dos amantes, el hombre y la mujer, Salomón y su novia. Es un libro muy sensual, pero también muy espiritual. El sexo y la espiritualidad se superponen de manera poderosa. Y aquí vemos que el amor entre los amantes incluye la unión física de dos cuerpos, con todas las placenteras reacciones neuroquímicas que rodean esa atracción y conexión. Pero también explica que el amor que comparten supera la dimensión física. Es también la unión de dos almas, que se convierten en una sola en corazón y espíritu, lo que refleja algo verdaderamente asombroso de la forma en que Dios, que es Espíritu, ama: no con un amor compulsivo, auto-gratificante y auto-indulgente, sino con un amor incondicional, abnegado, que se deleita en el otro y se compromete con él.

Es un amor que no está condicionado únicamente por reacciones neuroquímicas o sentimientos subjetivos. Es un amor que procede del espíritu o de la voluntad de una persona. Un amor que dice con decisión: "Vengan tiempos mejores o peores, nunca te dejaré ni te abandonaré".

Un amor que nunca falla

El cristianismo dice que en el corazón del universo se encuentra el verdadero amor, no la fría indiferencia de átomos sin sentido y sustancias químicas sin alma, sino el amor.

"Dios es amor", dice la Biblia.

Los filósofos hablan de Dios como la primera causa del universo. El que puso todo en movimiento. El que mueve sin ser movido. Pero en el cristianismo vemos que Dios no es una mera abstracción filosófica necesaria, sino una persona que ama lo que ha creado. La Biblia dice que Dios es amor, no porque el amor sea

Dios, sino porque la principal característica de Dios es el amor. No solo inventó el amor, sino que lo encarna.

Por tanto, si el cristianismo es verdadero, significa que el amor no es meramente un concepto, una compulsión o una reacción química, sino algo concreto, real, arraigado y cimentado en el ser del Creador del universo. Significa que Dios es la fuente última del amor y, por tanto, el punto de referencia objetivo para entender qué es el amor verdadero.

Y si tal cosa es cierta, entonces toda la historia de nuestra existencia se sitúa bajo una luz completamente nueva, porque significa que la razón de tu existencia y de la mía no es el azar, sino el amor. No una casualidad ciega, indiferente y aleatoria, sino un amor intenso, decidido y con propósito. Es una imagen absolutamente única y radicalmente distinta de la realidad. Como oí decir una vez a un predicador, en cualquier otra fe o visión del mundo, la vida precede al amor, solo en la fe cristiana el amor precede a la vida.

Hay una Biblia ilustrada para niños llamada *Storybook Bible* (Biblia en cuentos), escrita por Sally Lloyd Jones. Mis hijos tienen un ejemplar y a veces se lo leo cuando se van a dormir. En ella se habla del amor de Dios como "un amor que nunca se detiene, que nunca se rinde, inquebrantable, que es amor siempre y para siempre". Es el amor que permite a las almas desnudarse en presencia del amado/a, sin miedo a ser despreciado o rechazado.

Recordemos, como digo en el capítulo 2, la definición del apóstol Pablo de cómo es el amor perfecto, el amor de Dios. Está registrada en la Biblia en una carta de Pablo a la iglesia de Corinto. En resumen, escribe lo siguiente:

El amor es paciente y bondadoso, no es envidioso ni jactancioso ni orgulloso, no agravia ni busca lo suyo, no se irrita fácilmente. No guarda rencor. El amor no se complace con el mal, sino que se alegra con la verdad. El amor siempre protege, siempre confía, siempre espera, siempre persevera. El amor nunca falla.

El amor de Dios nunca falla.

Para muchos de nosotros, un amor así es difícil de imaginar. Con demasiada frecuencia quienes más deberían amarnos son los que más nos lastiman. Y con demasiada frecuencia no amamos a los demás como deberíamos amarlos. Los dos tipos de experiencias pueden ser enormemente dolorosas. Pocas cosas hay en la vida más crueles que el desdén o el rechazo.

Pedro era uno de los discípulos más cercanos a Jesús. Pedro pensaba que amaba a su amigo y maestro con un amor perfecto, que nunca le fallaría. Tanto es así, que la noche en que Jesús fue arrestado, Pedro anunció con valentía que, aunque tuviera que morir, nunca lo abandonaría. Pero después de que Jesús fue arrestado, los discípulos se dispersaron, y Pedro (que había prometido que, aunque los demás se alejaran, él nunca lo haría) renegó de Jesús públicamente, no una, sino tres veces, en cuanto le preguntaron si él era también seguidor de Jesús. Poco después de su negación, Pedro se sintió atormentado por el remordimiento. Rompió a llorar. ¿Pero qué podía hacer? Jesús ya estaba en manos de los soldados y alguaciles, siendo poco después, crucificado.

Así pues, Jesús había desaparecido. Estaba muerto. La redención parecía imposible. El amor, al parecer, había fracasado. Felizmente, sin embargo, este no es el final de la historia, porque Jesús -como sabemos- no permaneció muerto. La Biblia cuenta que, tras su resurrección, Cristo buscó a Pedro, que había vuelto a lo que sabía hacer antes de conocer a Jesús: pescar.

Entonces, Jesús resucitado se aparece a Pedro y a sus compañeros en la playa. Aquellos hombres obtienen una pesca milagrosa. Se reúnen alrededor del fuego y comen juntos una maravillosa comida de pescado a la brasa y pan. Pero después, Jesús se lleva a Pedro aparte y tiene una conversación personal con él. Y en esta conversación Jesús le pregunta a Pedro: "¿Me amas?" y Pedro responde: "Sí, Señor, te amo". Entonces Jesús vuelve a preguntarle: "¿Me amas?" y Pedro responde: "Sí, te quiero". Y cuando Jesús le pregunta por tercera vez, la Biblia registra que Pedro se entristeció. Pero vemos que, al preguntar tres veces, Jesús estaba haciendo algo maravilloso. Pedro había negado su amor por Jesús tres veces, y Jesús ahora le da la oportunidad de confesar su amor tres veces, restaurando así la relación con Pedro. Pero no solo restaura la relación, sino también la responsabilidad, porque Jesús -hablando de sus otros seguidores- le dice a Pedro cada vez que confiesa su amor: "Apacienta mis ovejas. Apacienta mis corderos. Apacienta mis ovejas".

El amor de Jesús por Pedro nunca falló, aunque el amor de Pedro por Jesús sí lo hizo. La historia nos muestra cómo el amor perfecto ama al otro, tanto cuando es digno de ser amado como cuando no lo es; cuando es cariñoso y cuando no lo es; cuando lo merece y cuando no lo merece.

No hace mucho, mi esposa me contaba todo lo que le pasaba por el corazón. Todo lo bueno, lo malo y lo feo. Y mi esposa es una de esas personas que es muy amable e indulgente con todo el mundo excepto con ella misma. En un momento dado, mientras compartía sus problemas, dijo: "¡Siento que mi corazón es tan horrible!". Y pude decirle, con toda sinceridad, mientras compartía cosas de las que no se sentía orgullosa, que nunca me había parecido tan bonita. Porque su honestidad y vulnerabilidad eran realmente bonitas. Es bonito que podamos ser tan transparentes los unos con los otros. Que yo pueda compartir todo lo bueno y lo malo con ella, y ella conmigo (y, por cierto, lo malo mío es mucho peor que lo malo suyo, y lo bueno suyo mucho mejor que lo bueno mío, así que en realidad he salido ganando); y que ninguno de los dos tenga que preocuparse por el rechazo del otro porque hemos prometido no dejarnos ni abandonarnos nunca, en lo bueno y en lo malo. Hemos descubierto que en esa tierra de confianza y compromiso mutuo pueden crecer, y seguir creciendo, año tras año, las mejores flores del amor.

El matrimonio debe ser un lugar donde dos almas puedan desnudarse la una ante la otra, donde no tengan que temer ni esconderse. Pero, según el cristianismo, no es el único lugar en el que se puede encontrar un "amor que no cesa, que no se rinde, inquebrantable, amor siempre y para siempre". Se supone que existe en todas las relaciones humanas amorosas.

Una ilustración del amor de Dios

La Biblia no solo compara el amor de Dios con el amor entre el marido y su esposa, sino también con el de una madre por sus hijos, un amigo por un amigo o un hermano por su hermano. Pero de todas las relaciones humanas, el amor de Dios es quizá el que más se compara con el amor de un buen padre por sus hijos. ¿Qué hace un buen padre? Ama a sus hijos llevándolos a la existencia y a la madurez.

Muchos han tenido malos padres, pero el Dios de la Biblia no es como un mal padre. No es como un tirano, un acosador o un padre que espera de sus hijos logros imposibles, ni como un padre indiferente a quien no le importa nada o que nunca está ahí. Dios es como un buen padre.

El filósofo cristiano Peter Kreeft observa que muchas veces se suele caricaturizar a Dios como una especie de personaje bonachón, como un abuelo que está allí arriba, en las nubes, agradable, amable y quizá un poco viejo. Pero, como él dice:

Dios no es como un abuelo, es como un padre. Los abuelos son amables; los padres son cariñosos. Los abuelos dicen: "Corre y diviértete"; los padres dicen: "Pero no hagas esto o aquello". Los abuelos son indulgentes, los padres son apasionados.

Dicho de otro modo, el amor de un padre es un amor comprometido, un amor comprometido con lo mejor de nosotros mismos. Un amor que nunca se rinde.

Quizá la mejor ilustración de este amor comprometido sea la parábola de Jesús sobre el hijo pródigo. Es la historia de un hombre con dos hijos. El hijo menor dice a su padre: "Quiero que me des ya mi parte de la hacienda familiar".

Culturalmente, era el equivalente hebreo antiguo de decirle a su padre: "Ojalá estuvieras muerto". Sin embargo, el padre no se enfada ni repudia a su hijo. Accede a su petición. El hijo menor vende su herencia, se marcha a un país lejano y se lo gasta todo viviendo desenfrenadamente. Al final, arruinado y en medio de una hambruna, es empleado por un granjero que le asigna la tarea de alimentar cerdos, lo cual, para un joven judío, era realmente el máximo nivel de degradación. Peor aún, su hambre era tal, que con gusto comería hasta lo que comían de los cerdos, con tal de llevarse a la boca cualquier tipo de alimento, pero no se le permitía hacerlo. Para el criador de cerdos, la vida de aquel muchacho valía menos que la de un cerdo.

Entonces se acuerda de cómo se trataba a los trabajadores de su padre: bien y con comida abundante. Así que decide volver con su padre para disculparse por su comportamiento y pedirle ser aceptado de nuevo como jornalero. Pero, según cuenta la historia, cuando aún estaba lejos, su padre lo vio y se compadeció de él; corrió hacia su hijo, lo abrazó y lo besó.

Corrió hacia su hijo.

En ese momento, ningún hombre del Oriente Medio que se preciara recibiría de vuelta a un hijo que le había tratado así. Pero el padre, que siempre miraba y esperaba, se humilla públicamente corriendo hacia el hijo y abrazándolo. Incluso antes de que el hijo tuviera la oportunidad de disculparse, el padre llamó a sus sirvientes para que matasen el mejor de los terneros y organizaran una gran fiesta de celebración porque su hijo "estaba muerto, pero ahora ha vuelto a la vida; se había perdido, pero ya lo hemos encontrado" (Lucas 15:24, NVI).

Pero la historia no acaba aquí.

El hijo mayor llega de trabajar en el campo y no se alegra en absoluto cuando descubre que se está celebrando una fiesta por el regreso de su hermano pequeño. Está tan furioso que insulta a su padre en público, ante todas las personalidades presentes, negándose a participar en la fiesta. Con este insulto fresco en la mente de todos, una vez más el padre se humilla públicamente, mostrando debilidad al salir fuera para rogar al hijo mayor que entre en la fiesta.

Pero el hijo mayor se enfada y reprocha al padre por desperdiciar una fiesta con alguien que claramente no se la merecía. Se queja de que el padre no le hubiera dado ni una sola vez siquiera un cabrito para hacer fiesta y pasarlo bien con sus amigos, a pesar de que durante todos estos años había trabajado como un esclavo y sin incumplir ni una sola regla.

"Hijo mío -le dijo su padre-, tú siempre estás conmigo, y todo lo que tengo es tuyo. Pero teníamos que hacer fiesta y alegrarnos, porque este hermano tuyo estaba muerto, pero ahora ha vuelto a la vida; se había perdido, pero ya lo hemos encontrado" (Lucas 15:31-32, NVI). Y así termina la historia.

Jesús contó esta historia ahora ya famosa para ilustrar claramente a sus oyentes judíos cómo es realmente el amor de Dios. Es como el amor de este padre. Un "amor que nunca cesa, que nunca se rinde, inquebrantable, siempre y para siempre" de un padre que anhela reconciliar consigo a sus hijos que se han alejado de él.

Los dos hijos eran rebeldes, que ni respetaban a su padre ni querían vivir bajo su control. El más joven toma lo que puede del padre con una flagrante falta de respeto. Es egoísta e inmoral. El mayor también toma lo que puede del padre, pero cumpliendo de mala gana, lo que en su interior le hace tan independiente del padre como el hijo que se va, porque piensa que cuanto consigue lo obtiene porque se lo merece. Por eso el hermano mayor estaba tan enfadado al punto de negarse a participar de la fiesta del padre: desde su punto de vista, el hermano menor estaba recibiendo algo que no se merecía.

En definitiva, ¿quién está en la fiesta con su padre? El hermano menor. ¿Y qué fue lo que hizo volver el corazón de este pródigo a su padre? No fue porque se diera cuenta de que trabajar para su padre como jornalero sería mejor que trabajar para el criador de cerdos. Fue el abrazo cariñoso de su padre lo que acabó por vencer su rebeldía, porque en aquella pocilga sabía que estaba sucio, pero en los brazos amorosos de su padre comprendió la profundidad de su suciedad. En la pocilga, sintió lástima de sí mismo, pero en los brazos del Padre, sintió dolor por su maldad, por el modo en que había tratado a aquel cuyo corazón para con él solo contenía amor.

Como escribió en cierta ocasión el teólogo Karl Barth: "El pecado nos quema más al estar bajo la luz escrutadora del perdón de Dios". Al ser abrazado por su padre, el hijo pródigo se dio cuenta de su maldad, pero también fue consciente del perdón de su padre y de su amor incondicional por él. Un amor como el de Dios que nos quebranta y después nos recompone, como debemos ser.

Pero ¿y el hermano mayor? El padre también quiere mucho a su hijo mayor. Abandona la fiesta para ir a ver al hijo y le invita a unirse a ella, explicándole que todo lo que tiene le pertenece también a él, no porque se lo merezca, sino porque es amado.

¿Será el hermano mayor demasiado orgulloso para recibir el amor y el perdón del padre de cuyo corazón se había alejado? La historia deja en el aire esta pregunta. Pero lo que vemos claramente es que una relación de amor con el padre está ahí disponible para ser recibida. No es algo que uno se gane por buen comportamiento o algo a lo que uno no pueda acceder por mal comportamiento. Lo más importante es el corazón. ¿Quiere el hijo mayor al padre? ¿Ama al padre?

Como la historia termina ahí, la pregunta queda en el aire, no solo para el hijo mayor, sino también para todos los oyentes. ¿Queremos estar con nuestro Padre celestial? ¿Queremos a Dios en nuestras vidas o no? Lo queramos o no, una cosa está clara en la historia de Jesús: Dios quiere estar con nosotros porque nos ama, incondicionalmente.

6

¿Por qué sufrimos?

¿Dónde hallar esperanza en medio del dolor?

Vivir es sufrir

Una mañana, mientras escribía este libro, estaba leyendo las noticias de la BBC, y los titulares del día eran del estilo siguiente: aumenta el número de muertos por el coronavirus; delitos de odio racista; recortes masivos de empleo en varios sectores; estafas a ancianos y personas vulnerables; aumenta el número de personas sin hogar; políticos que se insultan; bulos; incendios destruyen la selva amazónica. Lo triste es que sabía que las noticias volverían a estar tan llenas de dolor y sufrimiento al día siguiente, y todos los días siguientes.

La vida es dolorosa. ¡Hay tanto dolor en nuestro mundo! ¿Tanta maldad! ¡Tanta pérdida!

Podemos responder al sufrimiento de la vida diciendo: "Bueno, supongo que así son las cosas", y tratar el asunto con estoicismo o filosofía, poner mala cara y seguir delante de la mejor manera posible. Pero el problema es que, aunque un mundo lleno de sufrimiento sea normal, instintivamente percibimos que no debería ser así. Además, aceptar el sufrimiento con los brazos cruzados es más fácil de decir que de hacer, sobre todo cuando es uno mismo o un ser querido quien sufre.

Recuerdo estar sentado junto a la cama de mi abuela después de que sufriera un accidente por culpa de la negligencia de otra persona. Sufrió una caída horrible que le destrozó los huesos de las piernas y le perforó una de las arterias principales. La llevaron al hospital y nos dijeron que la arteria perforada significaba que iba a morir desangrándose lentamente durante varios días y que, desgraciadamente, era imposible que los médicos pudieran operarla. Me senté a su lado en esos dos últimos días, mientras ella se retorcía de dolor, le costaba respirar y estaba agonizando. Si alguien me hubiera dicho en ese momento: "Tranquilo, joven; es lo normal", le habría dado un puñetazo.

No importa lo privilegiada que sea tu formación o lo encantadora que sea tu existencia, al final la vida te pondrá en contacto directo con el hecho central del sufrimiento. La cuestión entonces es cómo responderás ante él, cómo lo afrontarás, cómo vivirás en medio de la inevitable realidad del dolor y del quebranto.

Lo vemos en la historia del príncipe Siddhartha Gautama, hoy conocido como Buda. Según cuenta la historia, el príncipe creció en un palacio sin saber nada de la enfermedad, el sufrimiento o la muerte. Sus padres lo protegieron a propósito de estas cosas prohibiendo la entrada al palacio a los enfermos, a los ancianos y a cuantos sufrían. Solo cuando tenía veintinueve años, el príncipe Siddhartha se aventuró por fin a salir de la burbuja del castillo, acompañado de su criado Channa. Cuando se cruzó por primera vez con un anciano, preguntó a Channa qué le pasaba. "Está envejeciendo", respondió Channa. "¡Nos pasa a todos!". El príncipe se quedó sorprendido. A continuación, vio a alguien que estaba enfermo. "¿Qué le pasa?", preguntó el príncipe. "Está enfermo, y sufre por causa de la enfermedad", respondió Channa. "Todos podemos caer enfermos". Una vez más, el príncipe se quedó atónito, pues nunca había visto enfermedad ni deterioro. Aturdido aún por lo que había visto en estas dos primeras ocasiones y por las implicaciones de lo que había dicho Channa, el príncipe vio un cadáver. "¿Qué es esto?", preguntó el príncipe. "Es un muerto", respondió Channa. "Al final, todos acabamos así".

¿Te imaginas lo sorprendente que debió de ser para aquel príncipe de veintinueve años enfrentarse por primera vez en su vida al envejecimiento, la enfermedad, el dolor y la muerte, y que le dijeran que son parte inevitable de la vida? ¿Te imaginas lo raro que debió parecerle? ¿Algo antinatural? ¿Errores? Tan inquietantes y perturbadores fueron estos descubrimientos para Siddhartha Gautama que abandonó su palacio, su familia, su mujer y sus hijos, y dedicó el resto de su vida a encontrar una solución o una forma de abordar lo que podríamos llamar el problema del sufrimiento. Se convirtió en Buda, y su respuesta final a la cuestión del sufrimiento (una de las respuestas más influyentes en nuestro mundo actual), la veremos en un momento, junto con otras, incluida la del cristianismo.

Pero, a diferencia de la experiencia del príncipe Siddhartha (o de Buda), la experiencia humana normal consiste en descubrir la realidad de la enfermedad, el sufrimiento, el envejecimiento y la muerte en una etapa temprana de la vida. Desde los juguetes perdidos hasta la inocencia perdida, y desde los brazos rotos hasta los hogares rotos, los niños descubren pronto que el sufrimiento y el dolor forman parte de la vida tanto como el amor y la risa. Pero incluso de niños sentimos que el sufrimiento y el dolor son de algún modo ajenos o algo malo, al contrario que el amor y la risa, que no lo son.

¿Por qué? ¡Dios mío! ¿Por qué?

La Biblia confirma nuestro instinto de que el mundo no está como debería estar. Sostiene que algo ha funcionado terriblemente mal con nosotros y nuestro mundo y que tiene que ver con nuestra pérdida de conexión con nuestro Hacedor. Sin embargo, en mi experiencia cuando hablo con la gente sobre la fe, la presencia del mal y el sufrimiento en el mundo es probablemente la objeción número uno que la gente plantea contra la existencia de un Dios creador.

Ateos influyentes como Stephen Fry o Sam Harris repiten la letanía de tragedias y desgracias que ocurren en nuestro mundo actual -desde la crisis de refugiados, tiroteos en escuelas y atentados suicidas, hasta tsunamis, cáncer y pandemias- y preguntan: "¿Dónde está ese supuesto Dios todopoderoso y bueno del que hablan los cristianos? Si realmente se preocupara por nosotros, ¿no intervendría? ¿No haría algo al respecto? ¿Acaso el cruel sufrimiento de la vida no deja en ridículo toda esa palabrería religiosa sobre un Dios que nos ama?".

Por difícil que resulte responder a esta pregunta -y debo decir que lo es-, los cristianos reflexionamos mucho sobre ella. Incluso la Biblia se hace eco de ella en numerosas ocasiones.

En el Evangelio de Juan, por ejemplo, leemos la historia de un hombre llamado Lázaro que estaba muy enfermo. Estaba a punto de morir. Lázaro era un buen amigo de Jesús. Era hermano de María y Marta, que también eran muy amigas de Jesús, así que, como era natural, las dos hermanas envían un mensaje a Jesús: "Señor, nuestro hermano Lázaro, al que tú amas, está muy enfermo. Por favor, ven" (Juan 11:3, TPT[5]).

Jesús recibe el mensaje. Pero no parte de inmediato. Se demora.

Mientras tanto, las hermanas, sentadas junto a Lázaro, tienen que vivir el horror de ver a Lázaro sucumbir poco a poco bajo una terrible enfermedad. Y finalmente, muere. La pregunta natural en boca de todos es: "¿Dónde estaba Jesús?". El mensaje había sido enviado hacía días, pero Jesús no había aparecido. No prestó ninguna ayuda.

Cuando más tarde Jesús llega a Betania, Lázaro lleva varios días muerto. Leemos en el relato bíblico que:

Cuando María llegó a donde estaba Jesús y lo vio, se arrojó a sus pies y le dijo: "Señor, si hubieras estado aquí, mi hermano no habría muerto".
Al ver llorar a María y a los judíos que la habían acompañado, Jesús se turbó y se conmovió profundamente.
"¿Dónde lo habéis puesto?", preguntó.

---

5 Las distintas versiones en español omiten el "ven", por eso, en este caso se traduce directamente de la versión en inglés (TPT). N.T.

"Ven a verlo, Señor", le respondieron.

Jesús lloró.

"¡Mirad cuánto lo quería!", dijeron los judíos.

Pero algunos de ellos comentaban: "Este, que abrió los ojos al ciego, ¿no podría haber impedido que Lázaro muriera?"

(Juan 11:32-37, NVI).

Como puedes ver, la respuesta natural de María y Marta, así como la de otros amigos y familiares, fue preguntar: "Señor, ¿dónde estabas? ¿Por qué no apareciste e hiciste algo? Tú tienes el poder de detener este tipo de cosas. ¿Por qué no lo hiciste? ¿Acaso no te importa?".

Mi pregunta es: ¿alguna vez le has hecho a Dios una pregunta así?

Yo sí. La primera vez que lo hice estaba sentado junto a la cama de hospital de mi abuela después del accidente que mencioné antes. Mientras sufría una hemorragia interna, sus pulmones se encharcaban lentamente y cada vez le costaba más respirar, me preguntaba cómo era posible que un Dios todopoderoso, que tenía el poder de impedirlo, no lo hubiera hecho. "¿Por qué no lo impidió?", me preguntaba hundido. ¿Por qué permitía tanto dolor? ¿Por qué? ¡Dios mío! ¿Por qué?

No debería sorprendernos que, como María y Marta, nos hagamos este tipo de preguntas como reacción al sufrimiento. Es una reacción humana muy normal. ¿Y cuál fue la respuesta de Jesús a María? No le respondió enfadado por sus preguntas, ni respondió a su sufrimiento con indiferencia.

En uno de los pasajes más conmovedores de la Biblia, leemos las palabras: "Jesús lloró". Si Jesús es realmente Dios, como creemos los cristianos, significa que Dios, en su divinidad, no es insensible a nuestro sufrimiento. Sea cual sea la razón por la que Jesús no rescata a sus amigos del sufrimiento, sus lágrimas muestran que no es indiferente ante su dolor. De hecho, en el libro de los Salmos, libro poético de la Biblia, el salmista habla de Dios como el que guarda todas nuestras lágrimas en una redoma -símbolo de que cada momento de dolor, quebranto y angustia que experimentamos le importa a Dios.

Pero el sufrimiento puede poner a prueba nuestra fe en la bondad de Dios. Porque, como seres humanos, tenemos la tentación de pensar que si fuéramos Dios nos libraríamos por completo del sufrimiento. Entonces, ¿por qué no lo hace Dios? Esa fue la reacción de algunos de los espectadores cuando Jesús llegó tarde al entierro de Lázaro: "Este, que abrió los ojos al ciego, ¿no podría haber impedido que Lázaro muriera?".

¿Contradice el sufrimiento la existencia de Dios?

La pregunta de por qué Dios permite tanto sufrimiento si de verdad es bueno, es tan antigua como la humanidad. Es algo más que una pregunta filosófica. Es un grito del corazón, y para quienes sufren, una respuesta filosófica a tal pregunta es casi siempre inútil.

Con todo, sigue siendo una cuestión filosófica importante. Para quienes creemos en la existencia de un Dios bueno y que ese Dios da sentido a la vida, es una pregunta a la que tenemos que enfrentarnos tarde o temprano.

Uno de los primeros filósofos en plantear la pregunta como argumento lógico contra la existencia de Dios fue el antiguo filósofo griego Epicuro. Con gran fuerza retórica, escribió:

> ¿Dios quiere evitar el mal, pero no puede? Entonces no es todopoderoso. ¿Dios puede evitar el mal, pero no quiere? Entonces es malvado. ¿Puede y quiere? Entonces, ¿de dónde viene el mal? ¿Ni puede ni quiere? ¿Por qué entonces llamarlo Dios?

Más recientemente, el filósofo J. L. Mackie, en su libro titulado *The Miracle of Theism* (El milagro del teísmo), publicado en 1982, planteó el argumento conocido como "el problema lógico del mal" de la siguiente manera: "Si Dios fuera todopoderoso y bueno no permitiría el sufrimiento ni el mal. Pero el sufrimiento y el mal existen. Por tanto, un Dios todopoderoso y bueno no existe. Por tanto, el Dios de la Biblia no existe". Así, Mackie argumentó que el sufrimiento refuta lógicamente la existencia de Dios.

Pero como veremos a continuación, este argumento puede ser refutado. ¿Por qué? Porque el argumento hace ciertas suposiciones sobre el sufrimiento y sobre Dios que han demostrado ser casi ciertamente falsas en los medios filosóficos.

Pero antes de considerar la principal refutación filosófica del problema lógico del mal, permítanme señalar brevemente otra observación que muchos han hecho sobre el sufrimiento y la idea que de él tenemos en Occidente.

¿Es malo sufrir?

En el próspero Occidente tendemos a considerar el dolor y el sufrimiento como nuestros mayores enemigos. Estamos acostumbrados a pensar en una vida ideal en términos de libertad sin restricciones, y en la felicidad según un nivel máximo de placer. En consecuencia, es natural que tendamos a suponer que, si Dios existe, debería haber creado un mundo sin dolor ni sufrimiento.

Por el contrario, la mayoría de las culturas no occidentales a lo largo de la historia han considerado el sufrimiento no solo como algo inevitable, sino también como un medio de fortalecimiento y enriquecimiento. Esas culturas ven el sentido de la vida como algo que está más allá de este mundo y de esta vida, mientras que nosotros tendemos a ver esta vida como todo lo que hay. Por eso nos resulta más difícil afrontar el sufrimiento o encontrarle algún aspecto redentor.

Tengo un amigo que creció en Nepal; sus padres eran misioneros médicos que trataban a enfermos de lepra. Me explicó que la lepra está causada por una bacteria que destruye las terminaciones nerviosas, de modo que la persona pierde la sensibilidad al dolor. No es la lepra la que causa la deformidad de manos y pies, sino las continuas lesiones que se producen porque la persona es incapaz de experimentar dolor y de sufrir. Se dan un golpe en un dedo del pie o meten la mano en el fuego y no se dan cuenta. Aquello me hizo reflexionar sobre la naturaleza del dolor, y me di cuenta de que hasta entonces siempre había pensado en el dolor como algo totalmente negativo. Pero, como indicaba la historia de mi amigo, está claro que no es así. El dolor puede ser útil. Y, como atestiguan todos los psicólogos que se precien, el dolor y el sufrimiento pueden ayudarnos a crecer como seres humanos. Nos ayudan, por ejemplo, a desarrollar la paciencia, así como la compasión y la comprensión hacia los demás. He oído decir que los mejores médicos para tratar una enfermedad son los que han tenido que pasar por el dolor y el sufrimiento de esa misma enfermedad porque entienden exactamente por lo que están pasando sus pacientes.

¿No es interesante que, aunque veamos el sufrimiento como algo intrínsecamente malo, es mucho más probable que admiremos y confiemos en alguien que ha vivido la otra cara del dolor y la adversidad, antes que en una persona para la que todo le ha resultado siempre fácil? El escritor John Eldredge dijo una vez: "No confío en un hombre que no ha sufrido". Una afirmación como esta apunta a una verdad profunda: que el sufrimiento ayuda a desarrollar nuestro carácter, mientras que una vida sin dolor tiende a atrofiarlo.

Y por alguna razón, el sufrimiento suele hacer que las personas vivan a un nivel mucho más profundo y con más propósito que antes de sufrir. En un influyente artículo, publicado en 2014 en el *New York Times* y titulado "What suffering does" (Lo que hace el sufrimiento), el periodista David Brooks escribió:

La gente que sufre suele sentir la abrumadora responsabilidad moral de estar a la altura. No dice: "Bueno, me duele mucho la pérdida de mi hijo.

Debería intentar compensar mi cuenta del placer yendo a fiestas y viviendo por todo lo alto". No. Los padres que han perdido un hijo crean fundaciones. Los prisioneros del campo de concentración donde estuvo el psicólogo Viktor Frankl se dedicaron a vivir de nuevo de acuerdo con las esperanzas y expectativas de sus seres queridos, aunque estos ya estuviesen muertos.

La experiencia nos enseña que el sufrimiento suele hacer que las personas vivan de forma menos egoísta y con más sentido. Otra cosa que el sufrimiento suele hacer es que la gente considere en serio la existencia de Dios, muchas veces por primera vez. El filósofo francés Luc Ferry, en su exitoso libro *Breve historia del pensamiento*, observa que son nuestras experiencias trágicas de angustia y sufrimiento, más que cualquier otra cosa en esta vida, las que realmente nos llevan a considerar si hay algo más allá de esta vida.

Lewis se hace eco de esta idea cuando escribe: "Dios nos susurra en nuestros placeres, habla en nuestras conciencias, pero grita en nuestro dolor. Es su megáfono para despertar a un mundo sordo". En cierto modo, el sufrimiento nos obliga a reflexionar sobre el verdadero sentido de la vida. Así como hace que muchos se cuestionen la existencia de un Dios de amor, es igualmente cierto que también hace que muchos, que nunca han pensado en Dios, lo hagan, y quizá incluso acudan a él buscando su ayuda.

Sufrimiento, amor y libertad

Vemos, pues, que la cuestión del sufrimiento es compleja y que es simplista suponer que todo sufrimiento es necesariamente malo o carente de finalidad. Pero la principal objeción al argumento de que el sufrimiento niega lógicamente la existencia de Dios es una objeción basada no en el valor del sufrimiento *per se*, sino en la importancia del amor y la libertad. Es lo que se conoce como la "defensa del libre albedrío", presentada sobre todo por filósofos como Alvin Plantinga. Más o menos es como sigue:

Si Dios es bueno, querrá crear el mejor de los mundos posibles. Y el mejor de todos los mundos posibles es, sin duda, un mundo que permita el amor, ya que el amor es, sin duda, el más elevado de todos los bienes. Pero para crear un mundo que permita el amor, debe ser un mundo lleno de criaturas que tengan la capacidad de amar. Y para que las criaturas tengan la capacidad de amar, deben tener una auténtica libertad moral (es decir, libre albedrío), porque el amor que no se da libremente no es verdadero amor. Sin embargo, que las criaturas posean una auténtica libertad moral significa que también se les debe conceder la libertad de elegir rechazar a Dios y a su amor: elegir vivir egoístamente en lugar de amar. Ciertamente, Dios podría crear un mundo sin mal ni sufrimiento creando en su lugar "autómatas" (criaturas sin libre albedrío que siempre hagan lo correcto como robots programados), pero entonces ese mundo no dejaría espacio para el amor. Así pues, el mejor de los mundos posibles es, sin duda, un mundo que, al permitir el amor, también permita la realidad de la libertad y, por tanto, la posibilidad del dolor.

Si este argumento es correcto, significa que la presencia del mal y del sufrimiento en nuestro mundo se entiende mejor, no como un signo de la falta de amor de Dios, sino de su compromiso con el amor, sabiendo muy bien los riesgos que este compromiso conlleva. El amor, podemos decir, se arriesga a sufrir. Pregunta a cualquier padre y te dirá que es verdad.

Curiosamente, la historia bíblica de la creación confirma esta línea filosófica de razonamiento, sosteniendo que cuando Dios eligió crear, no eligió autómatas para poblar su mundo, nos eligió a nosotros. Criaturas libres para elegir. Criaturas libres para amar. También enseña que la vida y la libertad que Dios nos dio para elegir el amor las hemos utilizado para rechazar el amor y la sabiduría de Dios, y que nuestras relaciones se han quebrado como consecuencia de ello -no solo nuestras relaciones con Dios y con los demás, sino también con nosotros mismos e incluso con la naturaleza. El cristianismo sostiene que estamos rotos -moral, relacional y espiritualmente rotos- y que vemos la evidencia de esta ruptura en nuestras vidas (y en los periódicos) todos los días.

La singularidad de la respuesta cristiana

Pero si el mundo está roto y Dios es bueno, ¿no sería de esperar que hiciera algo, en lugar de limitarse a observar todo lo que ocurre desde la distancia, dejándonos con nuestra miseria y confusión? Según la Biblia, hay algo que Dios ha hecho: en Jesucristo, Dios mismo entró en nuestro mundo de sufrimiento en carne humana para rescatarnos. Al hacerlo, ha experimentado lo que es sufrir: pasar hambre, frío y cansancio; ser incomprendido, traicionado y rechazado; ser humillado, torturado y asesinado.

Entre las principales respuestas posibles al sufrimiento, esta es absolutamente singular. Lo vemos más claramente cuando consideramos la respuesta de la Biblia a la cuestión del sufrimiento frente a otras respuestas disponibles.

Veamos en primer lugar la respuesta que ofrece el karma al sufrimiento. En pocas palabras, se trata de que, si obras el bien, te pasarán cosas buenas; y si obras el mal, te pasarán cosas malas. Encontramos esta manera de pensar en el sistema de castas hindú, por ejemplo. Si naces en la alta casta brahmánica de sacerdotes y maestros, se considera que es por el bien que hiciste en tus vidas anteriores, mientras que si naces en la más baja de todas, la casta *dalit*, la de los "intocables", entonces la pobreza, la marginación y la vergüenza que experimentas se considera que es por el mal que hiciste en tus vidas pasadas. En resumen, el *karma* sostiene que la causa o razón de todo lo malo que te ha ocurrido eres tú mismo y todo lo malo que has hecho.

Por el contrario, Buda rechazó la idea del sistema de castas hindú que imperaba en su sociedad. El propio Buda llegó a la conclusión de que el sufrimiento es, en definitiva, una ilusión, causada por un falso apego o deseo de las cosas propias de este mundo, ya sea la fama, las posesiones, las relaciones o cualquier otra cosa. Para evitar el sufrimiento, enseñó, hay que dejar de desear cosas. Hay que desapegarse por completo de las cosas de este mundo. El desapego viene de darse cuenta de que todo es Uno y Uno es todo; y que, puesto que no hay particularidades en la vida, sino solo ese Uno, no hay de hecho cosas apetecibles que desear, ni bienes que poseer, ni relaciones con las que relacionarse. Enseñaba que, como una gota de agua que se disuelve en el océano, alcanzamos la verdadera iluminación cuando nos desprendemos de nuestros deseos e incluso de nuestra identidad y nos disolvemos en el Uno universal del todo. Y, como algunos han señalado, el propio Buda vivió de acuerdo con este principio de desapego cuando abandonó su palacio y su familia, el día en que nació su hijo, para cumplir con su búsqueda de la iluminación personal.

Según otro importante sistema de creencias, el Islam, hay un Dios, Alá, y él lo controla todo, incluidas las acciones de cada individuo. Así, para la corriente principal del islam, los seres humanos no tienen libre albedrío. Dios ya lo ha predeterminado todo de antemano. Puesto que todo lo que sucede es la voluntad de Dios y puesto que el sufrimiento sucede, el sufrimiento es la voluntad de Dios. Y como el sufrimiento es la voluntad de Dios, nuestra única respuesta solo puede ser someternos a él. No debemos cuestionar el sufrimiento, debemos soportarlo, y es nuestra capacidad de someternos al sufrimiento en vez de cuestionarlo, lo que permite a Alá ver quién es verdaderamente justo sobre la faz de la tierra y quién no lo es.

Ahora bien, si eres ateo, puede que consideres que todos estos intentos de comprender y dar sentido al sufrimiento no son más que intentos religiosos equivocados que se niegan a enfrentarse a la realidad. ¿Qué realidad? Pues, desde la perspectiva del ateo Dawkins, la realidad de que no hay ningún elemento sobrenatural en la vida, sea Dios, el karma o cualquier otra cosa a la que uno pueda apelar para dar sentido al sufrimiento.

Según Dawkins, el sufrimiento no es justo o injusto, correcto o incorrecto, es solo mala suerte. Al fin y al cabo, como dice en su libro *River Out of Eden* (El río que fluye del Edén):

> En un universo de fuerzas físicas ciegas y duplicación genética, hay quienes van a salir perjudicados y otros van a tener suerte, sin pies ni cabeza, ni justicia alguna. El universo que observamos tiene precisamente las propiedades que se esperan de él si en el fondo no hay diseño, ni propósito, ni maldad, ni bondad, nada más que indiferencia ciega y despiadada.

Dicho de otro modo, el león se come a la cebra, el lobo al cordero, el fuerte hiere al débil y así son las cosas. Algunos filósofos ateos (aunque no todos, todo hay que decirlo) han llegado a sugerir que las cosas no solo son así, sino que también tienen que ser así, incluyendo las relaciones humanas. El ateo Nietzsche, por ejemplo, enseñaba que los fuertes deben dominar a los débiles y que el sufrimiento es la forma que tiene la naturaleza de eliminar a los débiles y ayudarnos a evolucionar. Se podría pensar que ideas tan disparatadas solo pueden existir en las torres de marfil de la especulación académica, pero basta con estudiar los antiguos campos de concentración de Auschwitz o Birkenau para ver cómo las peligrosas ideologías de los filósofos de ayer se convierten a veces en los principios rectores de los poderes fácticos del mañana. Aunque pocos lo saben, Adolfo Hitler estuvo muy influido por Nietzsche y sus ideas filosóficas.

Como se puede ver, en lo que respecta al sufrimiento, se dan explicaciones muy diferentes, y las diferencias marcan realmente la diferencia.

Por ejemplo, a diferencia de otras respuestas al sufrimiento, el cristianismo no defiende que el sufrimiento es merecido y que, por tanto, no deberíamos hacer nada para evitarlo. No dice que el sufrimiento sea solo una ilusión por lo que deberíamos ignorarlo. No dice que el sufrimiento es la voluntad de Dios por lo que no debemos cuestionarlo. Y no dice que el sufrimiento sea natural por lo que debemos aceptarlo. No niega ni minimiza la realidad del mal y del sufrimiento. De hecho, el cristianismo confirma el grito de nuestros corazones: que este mundo que sufre no es como debería ser.

Y como respuesta a un mundo que sufre ofrece un salvador que sufre: Jesucristo.

Una razón para confiar

Nada de esto significa que los cristianos seamos inmunes a la realidad del sufrimiento, o que nuestras respuestas a las tragedias de la vida sean rápidas y simples;

o que el sufrimiento no haga que los cristianos le planteemos preguntas complicadas a Dios. Como vemos a lo largo de la Biblia, los profetas, los poetas y la gente común pueden expresar su frustración y su agonía hacia Dios en medio del mal y del sufrimiento. Lo vemos sobre todo en el libro de los Salmos; y vemos que Dios no castiga a su pueblo porque estén enfadados y se lamenten. Como hemos señalado Jesús mismo lloró en respuesta al sufrimiento de la muerte, incluso habiendo venido al mundo para derrotarla. El Dios de la Biblia sabe lo que sufrimos y se conmueve por ello.

Nicholas Wolterstorff, filósofo de la Universidad de Yale y cristiano, escribió un libro sobre la muerte de su hijo Eric titulado *Lament for a Son* (Lamento por un hijo). En cierta ocasión, en una entrevista, le preguntaron por qué había escrito el libro, a lo que respondió:

Mi librito *Lamento por un hijo* no es un libro sobre el dolor. Es un grito de dolor. Tras la muerte de nuestro hijo, consulté varios libros sobre el duelo. No podía leerlos. Me resultaba imposible pensar en abstracto sobre el dolor. Estaba de duelo. Mi libro es un grito de dolor. Mientras derramo mi llanto mantengo la visión de Dios conmigo en mi dolor, de Dios sufriendo conmigo; Dios está de luto conmigo.

Continúa diciendo que la pregunta más difícil sobre el sufrimiento es: "¿Por qué permite Dios el mal moral y el sufrimiento dado que no sirve que se sepa para nada bueno?".

Si creemos que Dios sufre en respuesta a nuestro sufrimiento, entonces además de esa pregunta se plantea otra: ¿por qué Dios permite lo que Dios soporta con lágrimas? No sé la respuesta. La pregunta la vivo por la fe.

Dicho de otro modo, en cuanto al sufrimiento, los cristianos tenemos algunas buenas respuestas -exhaustivas y matizadas-, pero no proclamamos que tenemos todas las respuestas. La Biblia explica por qué existe el sufrimiento en el mundo en términos generales (ya hemos hablado de cómo un mundo que permite el amor debe ser también un mundo que permita el sufrimiento, y de cómo no todo el sufrimiento carece de propósito). Pero al mismo tiempo, la Biblia no nos permite a los cristianos hablar de todos y cada caso particular de sufrimiento diciendo: "Sé por qué Dios ha permitido que ocurra tal accidente, tal enfermedad o tal tragedia en particular".

Cuando ocurre una tragedia, el cristianismo no ofrece respuestas simplistas. Desde luego, se opone a la visión del karma que supone que el que sufre es porque habrá hecho algo malo. Cuando los seguidores de Jesús le preguntaron por una torre que se había derrumbado en Siloé, en la que murieron varias personas, él dejó claro que las víctimas de esta tragedia no eran necesariamente peores personas que las que no habían muerto. Reconoció que las tragedias les ocurren a los justos y a los injustos, a los buenos y a los malos, y que eso forma parte del misterio de la vida, a este lado del cielo.

En el libro de Job, uno de los libros sapienciales de la Biblia, encontramos la idea de que, como seres humanos, no siempre se nos dan las razones detrás de todo lo que nos sucede. Cuando Job sufre un inmenso dolor y pérdidas en su vida, clama a Dios en su dolor y confusión pidiendo respuesta a por qué le está sucediendo aquello. Los amigos de Job suponían que el sufrimiento por el que estaba pasando debía merecerlo secretamente, pues de lo contrario Dios no permitiría lo que le sucedía. Pero nosotros, los lectores, sabemos claramente que no era así. Y Dios reprende a los amigos de Job por la forma simplista en que asumen que Job tenía que estar mal simplemente porque estaba sufriendo. Con todo, cuando Dios le habla a Job al final del libro no le responde de la manera que él esperaba. No le revela a Job por qué había permitido sufrir como había sufrido. Simplemente le recuerda quién es el uno (Dios) y quién es el otro (Job). Su respuesta a Job (capítulo 38) es más o menos la siguiente: Job, ¿estabas allí cuando puse los cimientos de la tierra? ¿Fijaste tú los límites del mar? ¿Fuiste tú quien hizo surgir las estrellas en sus constelaciones? Al encontrarse con Dios, Job se da cuenta de lo poco que sabe o podría llegar a saber del gran panorama cósmico que Dios supervisa. Job vislumbra la majestuosidad de la soberanía de Dios y, al final, le basta. Cae de rodillas. Dios mismo es la respuesta.

Recuerdo la primera vez que llevé a mi hija Grace, que entonces tenía dieciocho meses, a vacunar. Mi mujer me dijo que no soportaría ver cómo la vacunaban (no es nada agradable ver a alguien clavar una aguja gigante en el brazo de tu hijo), así que me escogió amablemente como "voluntario" para la tarea. Me acuerdo que estaba muy nervioso ante cómo reaccionaría Grace a la aguja y qué pensaría de mí, su querido padre, al ver que permitía que le hicieran daño. Verás, tu trabajo como padre es sentar a tu hijo en tu regazo y hacer que se sienta lo más relajado y cómodo posible en la situación, para que la enfermera pueda clavarle la aguja sin peligro. Dicho de otro modo, eres totalmente cómplice del acto.

Así que, mientras que mi hija estaba felizmente sentada en mi regazo, sonriéndome a mí y a la enfermera con el bonito y brillante objeto puntiagudo en la mano, me preparé para lo que sabía que sería un shock para Grace. Y mientras le clavaban la aguja y la cara de Grace enrojecía al instante, pasando de una expresión de satisfacción a otra de conmoción y dolor, yo no apartaba la vista de sus ojos, temiendo leer en su rostro el miedo a que, de alguna manera, yo, que estaba permitiendo que aquello sucediera, ya no la quería. Pero, afortunadamente, nunca vi esa mirada. Lo que sí vi en la expresión de su rostro, ahora humedecido por las lágrimas, fue la pregunta: "¿Por qué?". "¿Por qué, papá? Si sé que me quieres, ¿por qué permites que me pase esto?".

La realidad era que Grace tenía una edad tal que, aunque hubiera intentado explicárselo, no lo habría entendido. Pero el hecho de que una niña de dieciocho meses no tuviera la capacidad de entender por qué cualquier buen padre permitiría que un desconocido le clavara una dolorosa aguja en el brazo no significaba que no fuera debido a buenas razones. Sabía que algún día ella lo entendería, pero que por el momento lo único que tenía era que confiaba en mí. Pero su confianza no era irracional. No era una fe ciega. Era una fe en mí basada en mi evidente amor por ella desde el primer día de su vida.

Del igual modo, el cristianismo sostiene que podemos confiar en que Dios tiene buenas razones para permitir que ocurra cuanto Él hace en esta vida, aunque nosotros mismos no podamos entender cuáles son esas razones; que Él es sabio y Él es bueno y que un día lo entenderemos. Pero no hoy, y con toda probabilidad, no en esta vida. Alguien puede objetar y decir que esto es solo fe ciega. Pero según la Biblia, no lo es. Es una fe basada en pruebas. ¿Qué pruebas? Principalmente, la vida, la muerte y la resurrección de Jesucristo. Aquel de quien la Biblia dice que nos amó y se entregó por nosotros.

Cuando el novelista ruso Dostoievski contempló el cuadro de Hans Holbein el Joven, *Cristo muerto en la tumba*, quedó impresionado por esta profunda verdad: que ningún otro Dios tiene cicatrices. Vio que la cruz es la respuesta de Dios para un mundo herido. Como escribe el pastor neoyorquino Tim Keller: "Puede que no sepamos la razón exacta por la que sufrimos en un momento dado, pero hay algo que nuestro sufrimiento no puede significar. A la luz de la cruz, no puede significar que Dios no nos ama".

Dicho de otro modo, los seguidores de Jesús creemos que, aunque no lo sepamos todo, podemos tener fe en quien sí lo sabe. No solo, como explica el libro de Job, porque sus caminos son más elevados que los nuestros, sino también, como demuestran las cicatrices de Cristo, porque Dios no es ajeno a nuestro sufrimiento. Él también sabe lo que es sufrir.

Razones para la esperanza

Los cristianos entendemos que, así como la cruz nos recuerda que este mundo no es como debería ser, la resurrección nos asegura que este mundo volverá a ser como tiene que ser. La resurrección es un anticipo de la certeza de que esta vida de sufrimiento y muerte no es todo lo que hay. Que hay esperanza y sentido más allá de este mundo y de esta vida: más allá de ellos, sí, pero no sin de ellos, porque esta vida no es más que parte de una historia y aún no hemos llegado al capítulo final.

Es como María, la hermana de Lázaro, en la historia bíblica antes mencionada, que llora a los pies de Jesús porque Lázaro ha muerto y se pregunta por qué Jesús no estaba allí para salvarlo. Pero como sabemos los que conocemos la historia de Lázaro, allí no acaba la historia. Porque, en medio de una comunidad afligida, cuando toda esperanza parece perdida, Jesús se acerca por fin a la tumba de Lázaro y grita en voz alta: "Lázaro, sal fuera". Y ante el asombro de todos, Lázaro, resucitado, es exactamente lo que hace. Y en un abrir y cerrar de ojos, las lágrimas de tristeza se transforman en lágrimas de gozo.

Los cristianos nos aferramos a la esperanza en medio del sufrimiento y el dolor, a que allí no se acaba la historia. Que un día, Jesús enjugará todas las lágrimas de nuestros ojos. Que un día, el aguijón del sufrimiento desaparecerá. Que un día, todo lo que está mal se arreglará. Y que un día, en palabras de Samwise Gamgee, del *Señor de los Anillos*, todo lo triste del mundo dejará de serlo.

¿Y mientras tanto? Como escribe la autora cristiana Henrietta C. Mears: "No sé por dónde me lleva, pero conozco bien a mi guía". En otras palabras, los cristianos ponemos nuestra última esperanza no en la garantía de una vida sin dolor en la que todo tenga sentido, sino en la persona de Jesucristo. No solo porque, ¿a qué otro lugar mejor podríamos ir? Sino también porque consideramos que Jesús es digno de nuestra confianza y que tiene las cicatrices que lo demuestran.

Estaré contigo

Cuando llegan tiempos tenebrosos de sufrimiento, como indefectiblemente ocurrirá, el corazón humano grita instintivamente "¿por qué?". Es lo que hacemos. Forma parte de lo que significa ser humano. Pero ¿te has preguntado alguna vez a quién dirigen ese "por qué" los que no creen en Dios?

El mismo Lewis, cuya serie Narnia ha aportado tanta alegría a los lectores jóvenes, vivió una infancia triste. Perdió trágicamente a su madre a una edad muy temprana y su padre le proporcionó muy poco apoyo emocional. Como resultado, perdió la fe que tenía en un Dios de amor. Lewis habla de sí mismo de joven, antes de volver a la fe, diciendo que vivía en un torbellino de contradicciones. Él escribe: "Yo proclamaba que Dios no existía. También estaba muy enfadado con Dios por no existir. Además, estaba enfadado con Dios por haber creado un mundo como este".

Lewis descubrió que el sufrimiento no es más soportable cuando nos deshacemos de Dios y que el consuelo que ofrece incluso la mejor filosofía, literatura o poesía -que él conocía muy bien- no podía ofrecer lo que ofrecía la fe cristiana que había rechazado, es decir, un amigo que nos ama y que comprende de verdad por lo que estamos pasando. Un amigo que nos apoya en todo. Y un amigo que promete estar con nosotros, incluso en los valles más oscuros de la vida, incluido el valle de sombra de muerte. Un amigo, es decir, Dios.

La Biblia enseña que Dios se toma muy en serio el problema del sufrimiento. Nuestro dolor le importa, y él mismo sabe lo que es sufrir. Pero según el Dios de la Biblia, nuestro mayor problema, más grave incluso que nuestro sufrimiento, es nuestra separación de Él. Dios no nos promete una vida libre de sufrimiento, pero sí nos promete estar con nosotros en nuestro sufrimiento si así lo queremos.

Vemos en la Biblia que cuando el pueblo de Dios está a punto de pasar por un momento difícil, Dios lo anima muchas veces con una determinada frase. La frase comienza con "No temas". Pero no dice: "No temas, porque te he prometido una vida sin dolor". Dice: "No temas, porque yo estaré *contigo*". La fe cristiana, aunque no ofrece respuestas rápidas y fáciles a la profunda cuestión del sufrimiento, responde con sentido a la pregunta; y, para el que sufre, estas tres palabras, "Yo estaré contigo", pueden marcar toda la diferencia del mundo.

Parte II

SOPESEMOS LAS PRUEBAS

7

Una fe pensada

¿Cuándo tiene sentido lo que creemos?

En la primera mitad de este libro he intentado mostrar cómo el cristianismo habla de las cosas realmente importantes de la vida: cosas como el sentido, el significado, la bondad, la verdad, el amor y la esperanza en medio del sufrimiento. He señalado que el cristianismo explica por qué estas cosas nos afectan y nos importan, y también que en Jesús encontramos la respuesta y el cumplimiento de estas cosas importantes. Dicho de otro modo, he intentado mostrar cómo el cristianismo, o más concretamente, Cristo mismo, no solo explica los anhelos del corazón humano, sino también cómo Él es su satisfacción definitiva.

Ahora, en la segunda mitad de este libro, quiero analizar la pregunta: ¿cómo saber que todo esto es verdad?

Cuando algo parece muy bueno, instintivamente pensamos que quizás sea demasiado bueno para ser verdad. Siempre está el temor de haber sido engañados por un argumento de venta impresionante, de habernos dejado llevar por nuestras emociones comprando algo que no era todo lo que esperábamos que fuera, como una casa de aspecto atractivo, cuyo precio parecía demasiado bueno para ser cierto, pero que más tarde descubrimos que tenía graves problemas de cimentación.

Nadie sensato compra una casa sin inspeccionarla a fondo. Del mismo modo, no deberíamos tomar ninguna decisión importante en la vida sin pensarlo detenidamente. Por eso, en la segunda parte de este libro analizaremos juntos las importantes cuestiones de la razón y las pruebas. ¿Es razonable creer que la visión cristiana de la vida, del universo y todo lo demás es cierta? Puede sonar bien, atractiva o bonita... pero ¿es real? ¿Es sólida? ¿Resiste un examen riguroso y una investigación minuciosa?

Pruebas y certezas

Como abogado, a veces me han preguntado si los argumentos a favor del cristianismo son lo suficientemente sólidos como para resistir el tipo de examen que un abogado haría para evaluar la solidez de un caso que se le presenta. Cuando les digo a la gente que creo que sí, que en realidad hay argumentos muy convincentes a favor del cristianismo, la respuesta es casi siempre: "De acuerdo. ¡Muéstreme las pruebas! Se supone que a los abogados les interesan las pruebas. ¿Qué pruebas aporta el cristianismo?". Y yo suelo responder: "Depende de lo que entienda Vd. por pruebas".

Por ejemplo, se puede "demostrar", deductivamente, que $1 + 1 = 2$; pero este tipo de prueba no existe fuera del ámbito de las matemáticas puras. Pero tú y yo vivimos en el mundo real, al igual que los abogados o los jueces, que a menudo deben tomar decisiones importantes sobre casos que se les presentan en el mundo real. A diferencia de la prueba matemática, la prueba desde una perspectiva jurídica significa simplemente establecer un hecho mediante evidencias.

Aunque no debemos esperar que la veracidad del cristianismo se pueda demostrar de la misma forma que se demostraría una ecuación matemática -pues la vida real no es así-, es razonable esperar que, si el cristianismo es cierto, se pueda aportar una cantidad sustancial de pruebas que lo sustenten, de forma parecida a lo que haría un abogado en un tribunal al presentar su caso. Los capítulos restantes de este libro pretenden servir de introducción a esas pruebas.

Con respecto a las pruebas, a veces me encuentro hablando con personas que dicen que solo creerán en Dios si su existencia puede demostrarse científicamente, lo que cuando se les insiste suele significar, en un laboratorio. Pero ¿cuántas de nuestras creencias pasarían una prueba así? Por ejemplo, en la escuela aprendemos que Julio César invadió Inglaterra hace unos 2000 años, aunque nadie puede demostrar este hecho en un laboratorio científico. ¿Significa eso que deberíamos tirar todos nuestros libros de historia por falta de pruebas?

Por supuesto que no. Al igual que nuestro sistema jurídico, la historia es una disciplina que sopesa y considera las pruebas. En este caso, pruebas históricas. Y basándose en las pruebas históricas, creer en la invasión de Gran Bretaña por Julio César es creer algo de lo más razonable y sensato.

Aunque no podamos demostrar la veracidad del cristianismo en un laboratorio científico, es una fe muy razonable y sensata a la luz de las pruebas que la sustentan. Y, por cierto, algunas de esas pruebas incluyen evidencias históricas, porque el cristianismo afirma cosas que Dios ha hecho en la historia.

Además, aunque la verdad del cristianismo no puede ser demostrada en un laboratorio científico, algunas de las pruebas que lo apoyan proceden de la ciencia, cosa que a veces sorprende a la gente, especialmente a quienes piensan que la ciencia nunca podría apoyar la existencia de algo que no podemos ver. Porque tal cosa se debe a un malentendido. Como señala el profesor de Oxford Alister McGrath, la propia ciencia propone a menudo la existencia de cosas que no pueden verse ni observarse -como la materia oscura- para explicar cosas que sí pueden verse u observarse. La partícula del bosón de Higgs (una partícula subatómica cuya existencia predijeron los físicos en la década de 1960, pero que no fue observada hasta 2012) es un gran ejemplo de algo que los científicos creían que existía, aunque no pudieran observarlo físicamente. La razón por la que creían que existía, aunque no pudieran observarlo, era que su existencia daba sentido a todo lo demás que podían observar a nivel subatómico.

Basándose en un proceso de razonamiento muy perecido, el Alto Mando alemán de la Segunda Guerra Mundial llegó a la conclusión de que su "indescifrable" código enigma había sido descifrado por los ingleses. Aunque no tenían pruebas directas observables de que su código hubiera sido descifrado, era de lejos la mejor explicación de por qué los ingleses eran capaces de interceptar tropas alemanas con tanta regularidad. Y aunque era difícil creer que su "indescifrable" código había sido descifrado, era aún más difícil creer que todas estas intercepciones inglesas pudieran estar ocurriendo solo por casualidad.

De igual modo, una de las razones por las que creer en un Dios, que no se puede ver (al menos por ahora), tiene sentido racional es que la existencia de Dios da mucho sentido a todo lo demás que podemos ver. Esta es una de las razones por las que me convertí en cristiano. Al considerar las diversas explicaciones que se ofrecían sobre la existencia de la vida, el universo y todo lo demás, me pareció que la concepción cristiana de la realidad era la que mejor explicaba por qué el universo es precisamente como es y por qué nosotros, como seres humanos, somos precisamente como somos.

La cosmovisión a juicio

En el fondo, el cristianismo es una relación con Dios. Pero también es una cosmovisión global. Una cosmovisión es la idea que tenemos sobre la constitución básica de la realidad, que afecta, en el nivel más fundamental, a nuestra forma de entender la vida en este mundo. O, dicho de otro modo, nuestra cosmovisión es como una lente a través de la cual vemos e interpretamos nuestro mundo, que influye en la forma en que nos vemos a nosotros mismos, a los demás y al medio que nos rodea. Consiste en nuestras convicciones más fundamentales sobre la vida, el universo y todo lo demás.

Seamos o no conscientes de ello, todos tenemos una cosmovisión porque todos creemos determinadas cosas acerca de la realidad. Si, por ejemplo, yo quisiera entender tu cosmovisión, las siguientes cuatro grandes preguntas podrían darme una idea. Primero, ¿de dónde viene la vida? Segundo, ¿cuál es el sentido de la vida? Tercero, ¿cómo hay que vivir en este mundo? Y, por último, ¿qué ocurre cuando morimos?

Hay muchas cosmovisiones. Unas son religiosas y otras no. Sea cual sea tu formación, te sugiero que, si quieres entender mejor el mundo en el que vives y a los demás seres humanos que lo habitan, te servirá de ayuda adquirir un conocimiento básico de las principales cosmovisiones que suele tener la gente.

Si te decides, te será útil saber al iniciar tus investigaciones que la mayoría de las principales cosmovisiones existentes se encuadran en una de estas tres grandes categorías: 1) naturalismo ateo, 2) panteísmo y 3) teísmo. El naturalismo ateo considera que la única realidad es un universo puramente físico: la existencia no tiene una dimensión sobrenatural o divina. El panteísmo es la opinión de que todo es, en última instancia, el Uno indiferenciado, y que ese Uno es divino. El teísmo es la opinión de que existe un Dios personal que creó este universo físico.

El cristianismo, el islam y el judaísmo son monoteístas en el sentido de que todos creen en un Dios creador. El hinduismo filosófico y el budismo clásico son panteístas. Ambos creen, en última instancia, en una unidad divina. El humanismo secular y el existencialismo se alinean con el naturalismo ateo. Ambos rechazan cualquier dimensión espiritual de la realidad.

Evidentemente, el cristianismo no es la única cosmovisión disponible ni, por así decir, la única que se somete a juicio. En cierto sentido, todas las cosmovisiones están llamadas a dar cuenta de por qué son las que mejor explican y dan sentido a este mundo extraordinario en el que nos encontramos. Todas las cosmovisiones están llamadas a dar cuenta de las pruebas -en este caso, las pruebas son la realidad observada-, ya sean datos de la historia, de la filosofía, de la ciencia, de la psicología o de la experiencia personal.

Una de las principales razones por las que el genial Lewis se hizo cristiano fue porque creía que el cristianismo daba un sentido extraordinario a toda la realidad observada. Como él mismo dijo: "Creo en el cristianismo como creo que ha salido el sol: no solo porque lo veo, sino porque gracias a él veo todo lo demás".

Parecida a la suya fue mi propia experiencia cuando llegué a creer que el cristianismo era verdadero. Mientras observaba este universo maravilloso y complejo y pensaba en las explicaciones principales de por qué existía, el cristianismo me pareció la única cosmovisión que, como la llave correcta, encajaba exactamente en la cerradura y, al hacerlo, desentrañaba el significado de todo.

Naturalmente, se trata de algo que cada cual debe investigar libremente por sí mismo y llegar a su propia conclusión. No se puede imponer a nadie. En verdad, desde mi punto de vista como cristiano, el cristianismo no es algo que se pueda imponer a nadie porque, aunque es una cosmovisión, es ante todo una relación de amor con Dios. Y el amor debe darse libremente para ser verdaderamente amor.

Cuando se trata de lo más fundamentalmente cierto acerca de la vida, el universo y todo lo demás, cada persona debe pensar, investigar y sopesar las pruebas por sí mismo. ¿Qué pruebas? Pues las pruebas del mundo asombrosamente complejo y maravilloso que nos rodea, así como las del mundo asombrosamente complejo y maravilloso que llevamos dentro.

8

Pruebas a nuestro alrededor

¿Estamos aquí por accidente o con un propósito?

¿Ha tenido alguna vez una sensación de asombro y admiración al contemplar el mundo natural? ¿La exquisita belleza del cosmos, el caleidoscopio de colores de un arrecife de coral, la serenidad de una puesta de sol, la grandeza de una majestuosa cordillera, la impresionante fuerza de una gran cascada o la increíble complejidad del cuerpo humano y el funcionamiento de sus diferentes sistemas? El gran científico del siglo XX Albert Einstein observó: "Quien nunca ha sentido esta emoción, quien no es capaz de detenerse para maravillarse y permanecer extasiado, es como si estuviera muerto: sus ojos están cerrados".

La Biblia nos enseña que el asombro y la admiración que experimentamos ante lo que realmente es un mundo maravilloso a nuestro alrededor deberían conducir nuestra mente de forma natural a la persona que hizo este mundo, del mismo modo que el artista se hace evidente en su gran arte o el diseñador en su gran diseño.

El conocido rey y poeta judío David escribió: "Los cielos cuentan la gloria de Dios, el firmamento proclama la obra de sus manos. Un día cuenta al otro la noticia, una noche a la otra comparte su saber" (Salmos 19:1-2, NIV). David estaba convencido de que el mundo que nos rodea no se explica por sí mismo. Que de algún modo apunta más allá de sí mismo, a un creador.

Pero a veces se oye a los escépticos sugerir que la ciencia -que estudia el mundo natural que nos rodea- ha rechazado o eliminado de algún modo la necesidad de Dios, de modo que una persona que sigue creyendo en Dios en el siglo XXI es como un adulto que sigue creyendo en Papá Noel o en el ratoncito Pérez mucho después de su infancia.

Recuerdo cuando estudiaba Derecho en la universidad y el hermano mayor de un amigo, doctor en biología, me dijo con toda seguridad que la ciencia había demostrado que Dios no existía. Yo, que no era científico, no tenía ni idea de cómo responderle, porque evidentemente él sabía más de ciencia que yo. Y realmente me hizo cuestionar si creer en Dios era verdaderamente racional.

Ciencia y Dios: ¿amigos o enemigos?

Pero, en realidad, cuanto más leo sobre la relación entre la ciencia y la fe en Dios, más me doy cuenta de que la ciencia y la fe en Dios han sido amigas desde el principio y siguen siéndolo hoy en día.

¿Qué quiero decir con esto? Bueno, una de las cosas maravillosas de trabajar en la ciudad de Oxford es conocer a mucha gente inteligente. Muchas de esas personas inteligentes son científicos, y muchos de esos científicos inteligentes son cristianos. Lo que plantea una pregunta obvia: ¿cómo pueden estar en conflicto la ciencia y la fe cuando en la Universidad de Oxford, una de las principales universidades del mundo, se encuentran personas que creen en Dios, van a la iglesia y son también científicos de talla mundial?

En realidad, y esto es algo de lo que poca gente es consciente, muchos de los científicos más destacados del mundo son cristianos. Personas como Francis Collins (ex director del Proyecto del Genoma Humano y actual director de los National Institutes of Health (Institutos Nacionales de Salud), Don Page (reputado físico teórico que estudió con Stephen Hawking), Rosalind Picard (catedrática de Artes y Ciencias de la Comunicación en el Massachusetts Institute of Technology (Instituto Tecnológico de Massachusetts), Richard Smalley (premio Nobel de Química), Charles H. Townes (Premio Nobel de Física), Werner Arber (Premio Nobel de Medicina), John Gurdon (Premio Nobel de Biología del Desarrollo), Joseph Murray (Premio Nobel de Fisiología, pionero de la cirugía de trasplantes), Raymond Vahan Damadian (inventor de la máquina de resonancia magnética), Simon C. Morris Lyall (condecorado por su contribución a la investigación en el campo de las ciencias de la Tierra) y Allan Sandage (hasta su muerte, el astrónomo vivo más importante del mundo).

No es sorprendente si se tiene en cuenta que fue la fe en Dios lo que proporcionó los fundamentos teóricos para los comienzos de la ciencia moderna. Copérnico, Galileo, Kepler, Newton, Boyle y Pascal creían que Dios había creado un universo ordenado cuyas leyes, por estar ordenadas, podían ser descubiertas. Por eso, para ellos, tenía sentido intentar descubrirlas. El universo -razonaban- tenía que ser inteligible porque detrás de él -creían- había una inteligencia.

En consecuencia, la idea de que existe un conflicto entre la ciencia y la fe en Dios es errónea. Entonces, ¿por qué la gente cree que tiene que haber un conflicto? Porque lo hay, pero no entre la ciencia y la fe en Dios. El verdadero conflicto es entre dos sistemas de creencias que compiten entre sí: entre creer en Dios (teísmo) y creer que Dios no existe (ateísmo).

La ciencia en sí es neutral. Mientras creas en un universo material puedes hacer ciencia y, por supuesto, los cristianos creemos en un universo material, igual que los ateos. Por eso tanto teístas como ateos podemos hacer ciencia a un gran nivel. En lo que nos diferenciamos es en que los cristianos creemos que Dios creó el universo material que estudiamos, mientras que muchos ateos creen que fuera de universo material no hay nada.

La ciencia es buena, pero también limitada

Otra cosa que hay que tener en cuenta es que la ciencia, por maravillosa que sea, no puede responder a todas las preguntas importantes de la vida. No quiero ser malinterpretado, creo que la ciencia es magnífica, pero tiene sus limitaciones. Por eso, en una universidad, la ciencia no es la única facultad de conocimiento: también están la historia, la filosofía y la teología, entre otras.

Una de las razones por las que la gente piensa que la ciencia ha acabado con la fe en Dios es porque están convencidos de que la ciencia responde ahora a todas las preguntas que antes abordaba la religión, y por eso Dios resulta innecesario. La ilustración clásica de esto es que cuando los pueblos primitivos oían truenos, creían que debían ser los dioses tocando sus tambores; o en la tradición nórdica, que era Chris Hemsworth, es decir, Thor, el dios del trueno, golpeando con su martillo. Sin embargo, ahora que somos gente moderna que cree en la ciencia, conocemos la verdadera causa de los truenos. Por tanto, ya no necesitamos aferrarnos a ninguna creencia supersticiosa primitiva sobre Dios.

Pero, creer que nuestro mayor conocimiento científico significa la eliminación de Dios o la demostración de su inexistencia, lo que demuestra es un desconocimiento fundamental de lo que es tanto la ciencia como de la fe en Dios, al menos de la fe judeocristiana.

Permítaseme ponerlo de esta manera: si pudieras técnicamente desmontar un iPhone de Apple y finalmente descubrieras cómo funcionan todos los diferentes componentes de ese teléfono, ¿habría demostrado que Steve Jobs, el creador del iPhone, no existe? Claro que no. El hecho de que uno sea capaz de averiguar qué es y cómo funciona cada cosa no significa que no exista un diseñador. Del mismo modo, aunque los científicos descubrieran algún día cómo funcionan todos los elementos del universo material, la ciencia no habría ni demostrado ni refutado la existencia de un Dios diseñador detrás de todo.

La ciencia responde muy bien a las preguntas "cómo" y "qué" del universo, pero no al "por qué". ¿Por qué el universo está ahí? ¿Por qué estamos aquí? Esas preguntas quedan fuera del campo de la ciencia. Eso no significa que la ciencia no sirva para entender las cosas. Solo significa que, para entender las cosas, la ciencia no lo es todo. La ciencia es magnífica. Pero también es limitada.

La ciencia apunta hacia Dios

Aunque la ciencia, por naturaleza, no puede probar ni negar la existencia de Dios, sí nos proporciona pistas, y esas pistas apuntan con fuerza hacia la existencia de un creador.

A lo largo de la historia de la humanidad, muchos grandes pensadores, tanto antiguos como modernos, han hablado de cómo el universo da esta impresión abrumadora de orden y diseño, de la que es racional inferir un "ordenador" o creador detrás de todo.

Por ejemplo, algo tan simple como la mano humana. Cuando se observa una mano, la impresión abrumadora es que está ordenada y diseñada para fines específicos que son inteligibles o reconocibles para una mente inteligente. Observamos en la mano destreza y sensibilidad para tocar: simplemente perfecta para los propósitos reconocibles de agarrar, mover y manipular cosas.

La misma cualidad teleológica (que tiene un propósito) de la vida que vemos a nivel anatómico, la vemos también a nivel microscópico y astronómico. Como ha señalado el astrofísico británico Paul Davies: "La huella del diseño en el universo es abrumadora".

De hecho, hasta el siglo XIX, la mayoría de los grandes pensadores creían que esta abrumadora impresión de orden y diseño hacía racional deducir la existencia de un Dios diseñador. Al fin y al cabo, si no existe Dios, ¿por qué el universo habría de ser ordenado e inteligible? ¿Por qué no iba a ser caótico?

La famosa analogía del relojero de William Paley influyó mucho en la creencia en un Dios diseñador. En su obra titulada *Natural Theology* (Teología natural, 1802), Paley recopiló un catálogo de ejemplos del campo de las ciencias naturales de diversas pruebas convincentes de diseño en el mundo natural. Su ejemplo más memorable fue el ojo humano, que Paley pudo demostrar que representaba un mecanismo finamente ajustado de complejidad irreductible. Si se cambiara o quitara una sola de sus partes -el cristalino, la retina, la córnea o cualquier otra parte-, no podríamos ver nada.

Utilizando ejemplos semejantes a este, Paley introdujo su famosa analogía del relojero. Argumentó que, sin saber lo que es un reloj, si un día tropezáramos con uno en el suelo, no llegaríamos a la conclusión de que había sido producido por causas naturales debido a su increíble complejidad, orden, diseño e irreductibilidad que observaríamos en él. De la misma manera, argumentaba, los mecanismos biológicos importantes, como el ojo humano, deberían llevarnos a concluir que una mente inteligente debe estar detrás de todo ello.

Debido a argumentos como estos, la mayoría de las personas pensantes creían que debía haber una causa inteligente o un creador detrás del mundo. Así fue, al menos, hasta la publicación de *El origen de las especies* de Charles Darwin en 1859 y su teoría de la evolución. Lo que Darwin hizo en realidad fue decir: "No hace falta un diseñador inteligente para explicar cómo pueden existir formas biológicas complejas como las plantas y los animales (incluidos los ojos) porque pueden explicarse enteramente por procesos naturales como la selección natural y la mutación que operan durante largos periodos de tiempo, de acuerdo con las leyes naturales". El mismo Darwin escribió:

> El viejo argumento del diseño en la naturaleza, tal como lo dio Paley, que antes me parecía tan concluyente, falla ahora una vez descubierta la ley de la selección natural. Ya no podemos argumentar que, por ejemplo, la hermosa bisagra de una concha de bivalvo debe haber sido hecha por un ser inteligente, como la bisagra de una puerta por el hombre. No parece haber más diseño en la variabilidad de los seres orgánicos y en la acción de la selección natural que en el curso del viento. Todo en la naturaleza es el resultado de leyes fijas.

Es sobre todo debido a la influencia de la teoría de la evolución de Darwin que muchos profanos creen ahora que la ciencia ha eliminado la necesidad de Dios. Cuando, en realidad, lo único que hizo Darwin fue proporcionarnos una teoría sobre cómo podíamos pasar de formas simples de vida biológica, como la humilde bacteria, a formas complejas de vida biológica, como tú y como yo (evidentemente, ¡algunos somos más complejos que otros!). Pero su teoría no explica, y ni siquiera intenta explicar, las preguntas mucho más básicas de cómo primero la vida pudo siquiera empezar y cómo es que vivimos en un universo capaz de sustentar una vida tal.

Al plantearnos estas preguntas básicas -de dónde proceden la vida y este universo que la hace posible- nos encontramos con que los datos científicos nos proporcionan poderosas pruebas o pistas que no apuntan en contra, sino a favor de la existencia de un gran diseñador detrás de todo.

Echemos un vistazo a estos indicios. La primera pista es tan grande y tan obvia que es fácil que esté, como se suele decir, delante de nuestros ojos, aunque no la veamos. La primera pista es la misma existencia del universo.

Pista 1: la existencia del universo

Una de las preguntas más básicas es la siguiente: ¿por qué existe algo en vez de la nada? No tenía por qué haber un universo material, pero lo hay. ¿Cómo ha llegado este universo a estar aquí?

Los filósofos nos dicen que solo hay tres explicaciones posibles para la existencia del universo. La primera es que el universo siempre ha existido: es eterno. La segunda explicación es que el universo surgió por sí mismo: se autogeneró. La tercera explicación es que Dios creó el universo: ha sido creado.

Pero desde hace cincuenta años sabemos, al menos si nos interesamos por la física moderna, que el universo tuvo un principio. Esa es la opinión mayoritaria. Y a menos que estemos dispuestos a descartar el consenso científico en la materia, debemos eliminar de la tabla de posibilidades la primera explicación: que el universo es eterno. Esto nos deja con dos alternativas. O bien el universo se generó a sí mismo, o bien Dios lo hizo existir, lo que significa que fue creado.

La ciencia también nos dice que nada físico existe sin una causa. Por ejemplo, las nubes en el cielo son físicas. Tienen una causa. Tú también eres físico. Por tanto, tienes una causa. Si no conoces tu causa, quizá deberías hablar con tus padres. Este universo también es físico; por lo tanto, también debe haber tenido una causa. Pero si el universo tuvo una causa, la segunda explicación queda descartada: que el universo simplemente surgió por sí mismo llegando a existir sin ninguna causa.

Por tanto, solo nos queda una explicación como causa del universo: Dios (a veces denominado por los filósofos la "causa primera" o el "motor inmóvil").

Algunos podrían responder: "Entonces, ¿quién creó a Dios? Y entiendo por qué lo piensan. Porque vivimos en un universo físico en el que estamos acostumbrados a que todo tenga una causa. Suponemos, por tanto, que Dios también debería tener una causa. Pero a diferencia de este universo, Dios no es físico. Dios, por definición, es espíritu o poder personal incorpóreo. Por tanto, no hay ninguna razón lógica o científica para que Dios tenga una causa.

Así pues, de las tres explicaciones posibles, la única que no tenemos motivos para descartar por razones razonables o científicas es la tercera: que Dios creó el universo. Ahora bien, la idea de que Dios creó el universo puede sonar fantástica para algunos; pero, desde una perspectiva puramente racional, sigue siendo la única explicación razonablemente disponible. Y como Sherlock Holmes dijo una vez en relación con la búsqueda de una explicación: "Una vez eliminado lo imposible, lo que queda, por improbable que sea, debe ser la verdad".

Eso es, en esencia, lo que a veces se llama el argumento cosmológico de la existencia de Dios. Que, de las tres posibles explicaciones de la existencia del universo, si tenemos en cuenta lo que la ciencia y la razón nos dicen sobre el universo, la tercera posibilidad, Dios, es de lejos la mejor explicación; de hecho, la única explicación racional.

Pista 2: un universo de alta precisión

La segunda pista proviene de un descubrimiento de los físicos modernos, conocido como el "ajuste fino"[6] del universo. Lo que los físicos quieren decir cuando hablan de un universo ajustado con precisión es que las constantes físicas fundamentales y las leyes del universo son, desde el principio, del orden o la magnitud exactos necesarios para la existencia de vida en el universo.

Por ejemplo, los científicos dicen que, si la fuerza del *Big Bang* al principio del universo hubiera sido mayor, por muy poco más que hubiera sido -una fracción de $1/10^{60}$-, el universo se habría expandido tan rápidamente que sería demasiado diverso como para permitir la existencia de la vida. De igual modo, dicen que, si la fuerza del *Big Bang* hubiera sido menor, en la misma pequeña cantidad, el universo se habría colapsado sobre sí mismo y tampoco habría habido ninguna vida.

El nivel de precisión es asombroso. Una fracción de $1/10^{60}$ es tan increíblemente pequeña que algunos matemáticos dirían que es "matemáticamente imposible". No lógicamente imposible, sino *prácticamente* imposible a todos los efectos.

Y lo que es aún más increíble, la fuerza del *Big Bang* es solo una de las más de cuarenta constantes científicas que los físicos han descubierto hasta ahora, cada una de las cuales tenía que ser exactamente de un cierto tamaño o potencia al principio del universo para que este fuera capaz de albergar vida. Por ejemplo, si la energía oscura (que hace que el universo se expanda a un ritmo cada vez más rápido) hubiera sido mayor o menor en una fracción de $1/10^{120}$, la vida no existiría. Para hacerse una idea de la magnitud de esta cifra, hay que tener en cuenta que el número de átomos del universo es solo de unos 10^{80}. Leonard Susskind, catedrático de física teórica de la Universidad de Stanford, afirma:

> El gran misterio no es por qué existe la energía oscura... El hecho de que estemos justo en el filo de la navaja de la existencia, [que] si la energía oscura fuera mucho mayor, no estaríamos aquí; ese es el misterio.

La lista de imposibilidades continúa. Por ejemplo, si la fuerza de la gravedad hubiera sido mayor o menor en una fracción de $1/10^{40}$, no habría vida. O si la proporción entre electrones y protones en el universo fuera mayor o menor en una fracción de $1/10^{37}$, no habría vida. Si al principio del universo una sola de estas muchas constantes científicas hubiera sido mayor o menor en magnitud por el

---

6 Traducción literal de *"fine tuning"*, o ajuste de precisión. N.T.

más mínimo margen, nuestro universo no habría sido capaz de albergar vida. No existiríamos. No habría vida. Ni siquiera la vida simple.

Los científicos también nos dicen que no hay ninguna razón lógica o científica para que todas estas constantes científicas tuvieran la magnitud exacta necesaria para que el universo fuera capaz de albergar vida justo al principio del propio universo. Pero, en todos y cada uno de los casos, la tenían.

Piénsalo por un momento. Si Dios no existe, y el universo se mueve por puro azar, quiere decir que, desde el principio mismo del universo, cada una de estas constantes tuvo que tener precisamente la magnitud exacta, con un margen de error inimaginablemente pequeño, y todo tuvo que ocurrir completamente por casualidad. Pero que cada una de ellas sea exactamente de la magnitud requerida para que exista vida en el universo, por casualidad, desde el principio del universo, dada la precisión increíblemente diminuta de la que estamos hablando aquí, desafía toda creencia razonable. Las probabilidades se han comparado con las de disparar una bala a un blanco de una pulgada al otro lado del universo observable, a veinte mil millones de años luz de distancia, con los ojos vendados, y dar en el blanco justo. En otras palabras, a todos los efectos, es imposible.

En consecuencia, esta precisión en el universo es una prueba fehaciente de que este entorno físico que permite la vida y que habitamos con gratitud no existe por casualidad. El físico Paul Davies, que no es creyente, escribe: "Los científicos se están dando cuenta poco a poco de la inconveniente verdad: el universo se parece sospechosamente a un arreglo". Del mismo modo, el cosmólogo ateo Sir Fred Hoyle observa que "una interpretación de los hechos basada en el sentido común indicaría que alguien superinteligente ha manipulado la física y la química".

¿La teoría del multiverso?

Dado que el ajuste de precisión del universo apunta de forma tan convincentemente a la existencia de una inteligencia detrás de todo, en vez de que todo ocurra por casualidad, algunos científicos han propuesto que tal vez nuestro universo no sea el único universo que existe, sino uno de los muchos billones y billones de universos diferentes existentes. Es lo que se conoce como la "teoría del multiverso", la objeción más popular al argumento del ajuste fino en favor de la existencia de Dios. La idea es que, si realmente existen innumerables universos, no es en absoluto imposible que al menos algunos de ellos estén, por casualidad, tan preparados para la vida como lo está el nuestro.

Curiosamente, los ateos que dicen que les resulta difícil creer en la visión cristiana del origen del universo (que habla de Dios y de un cielo que no podemos ver) no suelen tener dificultades para creer en la teoría del multiverso (que habla de otros mundos y otros universos que tampoco podemos ver).

Sin embargo, por fascinante que pueda ser esta nueva teoría de otros universos múltiples, su existencia debe seguir siendo, en el mejor de los casos, una hipótesis, en el sentido de que son, por definición, inobservables para los seres de nuestro universo y, por tanto, están fuera del alcance de la observación científica directa. Puede que haya otros universos, o puede que no. Pero incluso si hay otros universos, no tenemos ninguna base para suponer que la mayoría de ellos no tienen vida, como tienden a suponer muchos defensores de la teoría del multiverso. Puede que todos ellos tengan vida, como la tiene el nuestro (el único universo que podemos observar), en cuyo caso esto sería una prueba aún más contundente de la existencia de un Dios creador. Pero como no lo sabemos, la teoría del multiverso no refuerza ni debilita la teoría de Dios.

Curiosamente, antes del descubrimiento del ajuste fino del universo, no existía gran interés científico en un multiverso. Paul Davies sugiere que ha sido el descubrimiento de que el universo está organizado con precisión para la vida -lo que él llama el "Enigma Ricitos de Oro"- lo que ha promovido su replanteamiento. En este sentido, la objeción del multiverso es en realidad un cumplido involuntario a la fuerza del argumento del ajuste fino, reconociendo los científicos que las pruebas del ajuste fino exigían una explicación y ponerse a buscarla. Pero, como hemos visto, decir que otros universos múltiples pueden ser la explicación también plantea problemas.

Pista 3: el lenguaje de Dios

Como he dicho antes, Darwin no resolvió, y ni siquiera intentó resolver, el misterio del origen de la primera vida. Su teoría representa un intento de explicar cómo llegamos a formas de vida complejas a partir de formas de vida más simples. Pero ¿qué hay de la primera vida? ¿Y la primera célula biológica? ¿Cómo podemos explicarla?

Los avances realizados en los últimos decenios por la comunidad científica en biología molecular han demostrado que la llamada célula biológica primitiva no tiene nada de simple. En realidad, es algo enormemente complejo. La mejor manera de visualizar una célula biológica es imaginar que es como una fábrica compleja que contiene una valla; puertas; muelles de atraque y sistemas de seguridad; instalaciones de entrada de materias primas; instalaciones para el envío de productos acabados; sistemas de transporte interno; central eléctrica; planta de eliminación de residuos; un ejército de trabajadores con muchas capacidades diferentes; mensajeros y una elaborada red de cadenas de montaje entrelazadas cada una de las cuales está compuesta por un conjunto de grandes máquinas que fabrican proteínas, moléculas que son la fuerza bruta de la vida. Estas máquinas proteínicas, a su vez, contienen piezas móviles altamente coordinadas.

¡Espero que nunca más vuelvas a mirar con desprecio a una sola célula biológica!

Fue este increíble nivel de complejidad lo que convenció al reputado biólogo evolucionista John Haldane para concluir que la primera célula viva nunca podría haber surgido por casualidad. Haldane escribe:

> Puede que nuestros descendientes sean capaces de fabricar una [célula biológica], pero debemos renunciar a la idea de que tal organismo pudiera haber sido producido en el pasado a no ser que lo hubiera producido un organismo similar preexistente o un agente, natural o sobrenatural, al menos tan inteligente como nosotros y con muchos más conocimientos.

Además de parecerse a la complejidad de una fábrica, una simple célula biológica puede hacer algo que ninguna fábrica creada por el hombre puede lograr, a saber, reproducirse a sí misma. ¿Cómo sabe la célula cómo hacerlo? La respuesta es: ¡está programada! Dentro de cada célula viva hay instrucciones o información codificadas que le indica a la célula qué construir y cómo hacerlo. En otras palabras, lo que nuestros avances en microbiología han descubierto es que una célula biológica no es solo materia, sino materia repleta de información.

La importancia de esta última afirmación no debemos pasarla por alto. Como señala Edgar Andrews, catedrático emérito de Materiales de la Universidad de Londres:

> Se nos suele decir que la vida no es más que química orgánica y que debemos rechazar la idea de que sea algo misterioso o "especial". Pero esta afirmación arrogante ignora el hecho inconveniente de que la vida depende fundamentalmente del almacenamiento y transmisión de información detallada. Quizá sea fácil pasarlo por alto, pero no por ello deja de ser estúpido.

Tal información se encuentra en el núcleo de la célula, almacenada en una molécula polimérica, el ácido desoxirribonucleico, más conocido por su nombre abreviado, ADN. A lo largo de la espina dorsal de la molécula de ADN, hay algo así como clavijas sobresalientes. Constituyen las bases que se encuentran en la molécula de ADN. Es importante saber que solo hay cuatro tipos de esas bases cuyos nombres químicos -adenina, citosina, guanina y timina- se abrevian comúnmente en el acrónimo ACGT. Estas cuatro clavijas químicas, cuando se ponen en secuencias reconocidas dentro de la célula, se convierten en lenguaje, código o instrucciones.

En efecto, el ACGT puede considerarse como el alfabeto de cuatro caracteres del lenguaje de la vida. No es que parezca un lenguaje, es un lenguaje. Este lenguaje está presente en todos los sistemas vivos, y sin él la vida no sería posible.

Los científicos nos dicen que el ADN de la humilde bacteria tiene unos cuatro millones de letras. El genoma humano tiene más de 3 500 millones de letras. Son 3 500 millones de letras de instrucciones detalladas y complejas sobre cómo construir seres humanos: 3 500 millones de letras de un lenguaje. Es información tan compleja como para llenar una biblioteca entera.

Y la gran pregunta es: ¿de dónde procede un lenguaje tan complejo? ¿Cuál es la fuente de este lenguaje? Por supuesto, la información que cada uno de nosotros tenemos actualmente en nuestro ADN nos fue transmitida por otro ADN. Pero la pregunta es: ¿y las primeras células vivas? ¿De dónde procedía la información contenida en *su* ADN?

La única fuente que conocemos para el lenguaje es la inteligencia. Por eso, cuando se descubrieron jeroglíficos en la Piedra de Rosetta y fueron reconocidos como lenguaje, nadie supuso causas naturales. Todo el mundo dedujo de forma natural y racional que detrás del lenguaje había inteligencia. Imaginemos que un día descubriéramos un lenguaje escrito en piedra en los planetas Marte o Júpiter. ¿Qué deduciríamos entonces? ¿Causas naturales? No. Inferiríamos que no somos las primeras formas de vida inteligente en ese planeta.

El argumento a favor de Dios es muy sencillo. Tal vez podría formularse así: imagínate que estás dando un paseo por el campo y de repente te encuentra con una enciclopedia tirada en el suelo. ¿Llegarías a la conclusión de que posiblemente está ahí porque una fábrica de papel cercana ha explotado y toda la tinta, el pegamento y el papel se han aglomerado en el aire por casualidad y han formado esa enciclopedia que tienes delante? Claro que no. ¿Por qué no? Bueno, no solo por la improbabilidad física de que los componentes se conglomerasen en el aire por azar para formar un libro, sino también porque cuando abres el libro, tú, como ser inteligente que eres, reconoces rápidamente la presencia de algo llamado "información". La enciclopedia contiene información compleja, y siempre que nos encontramos con información compleja, como seres inteligentes reconocemos de inmediato el trabajo de otro agente inteligente. En resumen, la información nos señala una inteligencia detrás de tal información.

Ahora bien, como pregunta el profesor de Oxford John Lennox, dado que el ADN del genoma humano contiene más información inteligente que varias salas repletas de enciclopedias, ¿no es racional inferir que detrás de esa información también hay una inteligencia?

De hecho, este argumento de la información -del lenguaje en los núcleos de nuestras células biológicas- fue uno de los argumentos que ayudaron a convertirse del ateísmo al teísmo a Antony Flew, quien antes fuera un famoso académico ateo. Flew escribe: "Ahora me parece que los hallazgos de más de 50 años de investigación científica sobre el ADN han proporcionado materiales para un nuevo y enormemente poderoso argumento a favor del diseño".

Al anunciar públicamente la finalización del Proyecto Genoma Humano, su directora, Frances Collins, dijo: "Me llena de humildad y me sobrecoge darme cuenta de que hemos echado el primer vistazo a nuestro propio libro de instrucciones, que antes solo conocía Dios". Un tipo de lenguaje que Collins llamaría más tarde "el lenguaje de Dios".

Ciencia y fe

La ironía de nuestros tiempos, sin embargo, es que mientras hay científicos de talla mundial, como Collins, que son cristianos y cuyas creencias en un Dios diseñador se ven reforzadas y apoyadas por la ciencia moderna, muchos profanos parecen seguir pensando que la ciencia ha demostrado de algún modo que el universo carece de diseño y que, por tanto, solo nos queda aceptar que no tenemos a nadie a quien agradecer esta vida, mientras estemos vivos, salvo al azar.

Pero lo que hemos visto en este capítulo es que la ciencia no ha acabado con Dios. Más bien al contrario. Hemos visto que la ciencia y la fe en Dios han sido amigas desde el principio y lo siguen siendo hoy en día. Hemos reconocido que la ciencia es estupenda, pero que no puede responder a todas las preguntas importantes de la vida. Y hemos observado que, aunque la ciencia no pueda ni probar ni negar la existencia de Dios, sí nos proporciona pistas poderosas que apuntan hacia la existencia de un Dios creador detrás de todo. Pistas como: la abrumadora impronta de orden y diseño; el descubrimiento de que nuestro universo tuvo un principio definido; que nuestro universo estaba organizado para la vida, desde el principio; y el descubrimiento de información semiótica o lenguaje contenido en nuestro propio ADN.

No es de extrañar que la ciencia haya inspirado la fe de muchos en un Dios creador, del mismo modo que la fe en un Dios creador inspiró inicialmente el nacimiento de la ciencia moderna y sigue inspirando la gran ciencia incluso hoy en día. Como afirma James Tour, uno de los principales nano-ingenieros del mundo: "Solo un neófito que no sabe nada de ciencia diría que la ciencia te aleja de la fe. Si realmente estudias la ciencia, te acercará a Dios".

9

Pruebas en nuestro interior

¿Por qué creo que algunas cosas están mal?

La simple observación de la historia, la sociología y la literatura humanas nos dice que, más allá de religiones, culturas, geografías y épocas históricas, los seres humanos comparten esta similitud fundamental: un instinto moral profundo e imperecedero. Ya me referí a este instinto en el capítulo 3 y al hecho de que, como dijo el filósofo Plantinga: "Es extremadamente difícil ser un ser humano y no pensar que algunas acciones están bien y otras mal".

A pesar de ese instinto, a menudo hablo ante un público universitario que, según mi experiencia, suscribe la posición filosófica de que no existe una verdad moral absoluta u objetiva. Hay, por ejemplo, quienes opinan que la moral no es más que una invención cultural; y otros, que es una ilusión provocada por nuestros genes -una adaptación evolutiva- cuya finalidad es simplemente ayudarnos a sobrevivir. Sin embargo, a pesar de la reticencia a reconocer la existencia de verdades morales objetivas que tienen una influencia real en nuestras vidas, rara vez encuentro, incluso en este tipo de audiencias, personas que no estén dispuestas a estar de acuerdo conmigo cuando digo que torturar a inocentes por diversión está absolutamente mal, que el genocidio está absolutamente mal o que el maltrato infantil está absolutamente mal, y que estas cosas seguirán estando mal aunque se aprueben leyes que legalicen tales actos y todos sus amigos lleguen a creer que estas cosas son correctas y buenas. ¿Por qué?

Poco después de la Segunda Guerra Mundial, los principales jefes nazis, responsables de las atrocidades cometidas en los terroríficos campos de concentración fueron juzgados en Nuremberg por la Corte Penal Internacional. Fueron condenados como culpables merecedores de castigo a pesar de que, como argumentaron los abogados defensores de aquellos oficiales, ellos simplemente actuaron de acuerdo con la ley de su país vigente en aquel momento. ¿Por qué? Porque los jueces del Tribunal Penal Internacional reconocieron una ley superior ante la que todos somos responsables. Una ley que no puede ser borrada de un plumazo o por un cambio en la opinión pública.

Como seres humanos, reconocemos intuitivamente la existencia de esta ley superior: una ley moral ante la que todos hemos de rendir cuentas. Los cristianos creemos que esta intuición moral que poseemos es algo que Dios ha implantado en nosotros, y que es una parte importante de lo que nos hace humanos: la capacidad no solo de ser conscientes de las categorías objetivas de "es" y "no es", sino también de "bueno" y "malo", "correcto" e "incorrecto", "se debe" y "no se debe".

Hay quienes niegan que exista una ley moral objetiva aplicable a todo el mundo alegando que, si realmente existiera, la gente no discreparía entre sí en cuestiones morales, como suele ocurrir. Pero, aunque es cierto que la gente siempre tiene desacuerdos morales entre sí, ¿te has dado cuenta de cómo, cuando tenemos tales desacuerdos, seguimos apelando a alguna norma ética objetiva? Por ejemplo, cuando el Sr. Jones dice: "Estuvo mal que el Sr. Smith hiciera tal cosa", y el Sr. Smith dice: "No estuvo mal que lo hiciera", la única razón por la que el Sr. Jones y el Sr. Smith pueden tener un desacuerdo moral entre ellos es porque ambos creen en algo como el bien y el mal para tener o no razón.

Es como cuando la gente discute sobre si un futbolista ha cometido una falta o no. Su desacuerdo sobre si se ha cometido una falta no cuestiona la existencia de algo como las reglas del fútbol. Al contrario, lo confirma. No tiene sentido discutir sobre si se ha cometido una falta si no existen las reglas del fútbol. De igual modo, los desacuerdos morales no ponen en duda la existencia de una ley moral objetiva. La confirman. Porque no tiene sentido un desacuerdo moral si, para empezar, no hay una moral objetiva sobre la que discrepar.

La moral como prueba de Dios

En un capítulo anterior hablé de cómo a veces los ateos señalan la existencia del mal en el mundo, como el terrorismo o los campos de concentración de Hitler, como prueba de que no puede existir un Dios todopoderoso y bueno. Y expliqué por qué este argumento, conocido como el problema lógico del mal, ya no es considerado por los filósofos como un argumento convincente.

En realidad, se puede argumentar que la existencia del mal no solo no niega la existencia de Dios, sino que la hace evidente en el sentido de que, si afirmamos que algo es moralmente malo o incorrecto, también debemos suponer que existe una ley moral objetiva por la que reconocer lo correcto y lo incorrecto. Pero si suponemos una ley moral objetiva, ¿no debemos suponer también un "dador de la ley moral objetiva"? ¿Y quién sino Dios podría ser ese dador de la ley moral objetiva?

Este argumento, denominado argumento moral a favor de la existencia de Dios, puede formularse más formalmente de la siguiente manera:

- Premisa 1: si Dios no existe, las obligaciones morales objetivas tampoco existen;
- Premisa 2: las obligaciones morales objetivas existen;
- Conclusión: luego Dios existe.

Como se puede ver, es un argumento fuerte porque para refutarlo, o bien hay que refutar la premisa 1 o la premisa 2, es decir, o hay que explicar cómo podrían existir los deberes morales objetivos sin Dios, o hay que negar que los deberes morales objetivos existan en absoluto, siendo ambas cosas muy difíciles de explicar. Por tanto, los ateos tendrían que adoptar el punto de vista de que no hay deberes morales objetivos o que los deberes morales objetivos existen, pero están basados en algo distinto de Dios.

¿No hay moral objetiva?

Nietzsche es, seguramente, el ateo más famoso que sostuvo que no existe una moral objetiva. Nietzsche razonaba que, al haber eliminado a Dios del panorama, debemos reconocer que también hemos eliminado el único punto de referencia objetivo para decidir lo que está bien y lo que está mal. El ateo existencialista Sartre hizo el mismo planteamiento cuando dijo: "Si Dios no existe, con él desaparece toda posibilidad de encontrar valores en un cielo inteligible".

Si estos filósofos ateos tienen razón y no existen obligaciones morales objetivas, cabe preguntarse por qué casi todo el mundo actúa como si los hubiera.

Una explicación, dada por pensadores ateos como John Gray, es que, aunque es cierto que tenemos lo que parece ser un sentido muy arraigado de que existe una ley moral objetiva, en realidad es una ilusión provocada por nuestros genes; es una ilusión que aumenta nuestras posibilidades de supervivencia.

El filósofo de la ciencia Michael Ruse explica así esta postura:

La posición del evolucionista moderno... es que los seres humanos tenemos una conciencia moral... porque tal conciencia se debe a la biología. La moral es una adaptación biológica, al igual que las manos, los pies y los dientes... Considerada como un conjunto de afirmaciones racionalmente justificables sobre algo objetivo, la ética es ilusoria. Comprendo que cuando alguien dice: "Ama a tu prójimo como a ti mismo", piense que se está refiriendo a algo por encima y más allá de sí mismo... Sin embargo... tal referencia carece realmente de fundamento. La moral es solo algo que ayuda a la supervivencia y a la reproducción... y cualquier significado más profundo es ficticio.

Dawkins hizo un planteamiento parecido en una entrevista con un periodista británico afirmando que nuestra creencia arraigada de que la violación está mal es tan arbitraria como el hecho de que hayamos desarrollado cinco dedos en lugar de seis. Sin embargo, esta perspectiva de la moral -que no es más que una ayuda evolutiva para la supervivencia y la reproducción- va en contra de nuestros instintos humanos más profundos. ¿Por qué? Porque la mayoría de nosotros pensamos que cuando se trata de creer, por ejemplo, que la violación está mal, realmente estamos asumiendo obligaciones morales objetivas. Como confiesa el propio Ruse: "El hombre que dice que es moralmente aceptable violar a niños pequeños está tan equivocado como el que dice que 2 + 2 = 5".

Además, al ir en contra de nuestras intuiciones morales más profundas, otro desafío a la opinión de que la moralidad no es más que una ayuda evolutiva para sobrevivir, es que también socava la propia racionalidad. Este es el argumento: si creemos que Dios no existe (y que nuestra mente y su percepción de la realidad están controladas enteramente por nuestros genes, que a su vez están orientados hacia los objetivos evolutivos de la supervivencia), ya no podemos confiar en nuestros instintos y razonamientos morales más profundos, porque tendríamos que asumir que nuestras mentes, controladas por nuestros genes, están orientadas, principalmente, hacia la supervivencia más que hacia la verdad, y a todo cuanto nos ayude a sobrevivir. Y, curiosamente, Gray admite exactamente este punto cuando escribe que "la mente humana está al servicio del éxito evolutivo, no de la verdad".

Pero, si esto es así, ¿qué ocurre con la propia mente de Gray? Debemos concluir, si le creemos a él, que el acto de escribir su frase ("la mente humana está al servicio del éxito evolutivo, no de la verdad") está al servicio del éxito evolutivo, no de la verdad. Si eso es así, ¿por qué habríamos de creer nada de lo que dice?

¿Ves el problema? Afirmar como verdadera la proposición de que la mente humana no está al servicio de la verdad no tiene sentido. Es contradictorio. Es el equivalente filosófico de serrar la rama misma en la que estás sentado. Este es el problema con la teoría de que nuestros pensamientos e intuiciones sobre la realidad no son, en esencia, más que los servidores involuntarios del éxito evolutivo, socava no solo la propia racionalidad de la teoría, sino la racionalidad misma.

¿Una moral objetiva sin Dios?

Otros filósofos ateos, reacios a aceptar que males como el racismo, el sexismo y el abuso infantil no son objetivamente malos, han intentado afirmar valores morales objetivos en ausencia de Dios fundamentándolos en otra cosa.

¿Es la razón fundamento de la moral?

Por ejemplo, el destacado filósofo de la moral moderna John Finnis sostiene que un principio fundamental es que nadie debe perjudicar intencionadamente el bienestar de otro. ¿Por qué? Porque, según él, no sería razonable que, si valoramos nuestro propio bienestar, perjudicáramos intencionadamente el bienestar de los demás, ya que la inteligencia y la razón nos llevan a reconocer que nuestro propio bienestar no puede tener un valor superior al de los demás, simplemente porque sea el nuestro.

Sin embargo, el punto débil de tal teoría es que no explica por qué la imparcialidad fundamental ha de ser una obligación moral. Finnis se limita a suponer que la inteligencia y la sensatez reconocerán que el bienestar propio no tiene más valor que el ajeno. Pero ¿por qué? Por ejemplo, el Sr. Jones puede creer que todos los seres humanos valen lo mismo, mientras que el Sr. Smith puede creer que su propio bienestar tiene más valor para él que, por ejemplo, el bienestar del Sr. Jones. O el señor Smith puede pensar que su hijo vale más para él que el bienestar del señor Jones. Y si ese es el caso, no es necesariamente disparatado ni ilógico que haga daño deliberadamente al Sr. Jones para conseguir algo de gran importancia para sí mismo o para alguien a quien quiere.

La razón es maravillosa, pero como fundamento de la moralidad no es suficiente. No hay ninguna fórmula lógica que demuestre que nuestras acciones no deban buscar nuestros propios intereses, ni hay un silogismo que demuestre que debemos valorar el bienestar de los demás tanto como el nuestro. Como observa Kai Nielsen, uno de los ateos más destacados del Canadá: la pura razón práctica, incluso con un buen conocimiento de los hechos, no te llevará a la moral. Escribe:

> No hemos sido capaces de demostrar que la razón demande un punto de vista moral, o que las personas verdaderamente racionales, no engañadas por el mito o la ideología, no tengan que ser egoístas o inmorales clásicos. No es la razón lo que decide aquí. El cuadro que les he pintado no es agradable. Reflexionar sobre él me deprime... La pura razón práctica, incluso con un buen conocimiento de los hechos, no te llevará a la moral.

¿Puede nuestro trato humanitario hacia los demás ser el fundamento de la moral?

Otro destacado filósofo moralista que intenta construir un fundamento no religioso para la moral es Ronald Dworkin. Dworkin sostiene que casi todos aceptamos que la vida humana es sagrada. Para algunos de nosotros, dice, la base es la fe religiosa; y para otros, la base es la profunda convicción secular de que "aunque el proceso cósmico está desprovisto de sentido, cada vida humana es, no obstante, una obra maestra de la creación natural y humana".

El fundamento de Dworkin para la moral objetiva es, pues, el gran valor que *nosotros* concedemos a cada ser humano entendido como una obra maestra de la creación. ¿Pero a quién se refiere Dworkin cuando se refiere a "nosotros"? Por supuesto, la mayoría de los liberales occidentales modernos asentirían con la cabeza y dirían que "sí", que "nosotros" concedemos un gran valor a cada ser humano. Pero ¿y los nazis?, ¿valoraban los nazis a los judíos por lo que eran en sí mismos? ¿O los turcos a los armenios? ¿O los hutus a los tutsis?

El problema con el fundamento de la moral para Dworkin es que asume un consenso entre los actores humanos que la evidencia antropológica indica que no existe.

Como dice el célebre antropólogo Claude Lévi-Strauss:

> El concepto de una humanidad totalmente inclusiva, que no hace distinción entre razas o culturas, apareció muy tarde en la historia de la humanidad y no se extendió demasiado por la faz del globo… Para la mayoría de la especie humana, y durante decenas de miles de años, la idea de que la humanidad incluye a todos los seres humanos sobre la faz de la tierra no existe en absoluto. La categoría llega hasta la frontera de cada tribu.

Ni siquiera Aristóteles, el gran filósofo de la moral de la Grecia clásica, apoyaba la idea de la igual dignidad de todos los seres humanos.

Como sus contemporáneos, consideraba a las mujeres y a los esclavos seres inferiores por naturaleza.

Como han señalado en sus escritos historiadores y filósofos políticos como Tom Holland, Larry Siedentop y Jürgen Habermas, la noción de dignidad humana e igualdad de todos los seres humanos no es una idea universalmente aceptada. Históricamente, es un producto del judaísmo y del cristianismo, que afirman que los seres humanos son criaturas hechas a imagen de Dios. Como explica Holland:

> La gente en Occidente, incluso quienes pueden imaginar que se han liberado de las creencias cristianas, de hecho, están impregnados de supuestos cristianos sobre casi todo… Todos los occidentales somos peces de colores, y el agua en la que nadamos es el cristianismo, y no me refiero necesariamente a la forma confesional de la fe, sino a toda una civilización.

Aunque quisiéramos que fuera cierto que podemos erigir una moral sobre el hecho de que todo el mundo considera que la vida humana es sagrada (como afirma Dworkin), la fatídica verdad es que no todo el mundo ni todas las culturas del planeta aceptan esta idea. Sencillamente, no existe un "nosotros" universal que afirme la santidad de toda vida humana.

¿Puede la ciencia ser el fundamento de la moral?

Algunos conocidos escritores ateos han defendido recientemente que la ciencia nos proporciona ahora un fundamento adecuado para la moral, aunque, que yo sepa, no hay ningún filósofo serio que defienda tal postura.

Una buena parte de la razón por la que son pocos los filósofos, si acaso hay alguno, que consideren que la ciencia es un fundamento adecuado para la moral es porque, como señaló David Hume hace mucho tiempo, por mucho que se intente, ningún razonamiento puede llevarnos de la descripción de cómo son las cosas en el mundo (que es el ámbito de la ciencia) a la prescripción de cómo deben ser las cosas en el mundo (que es el ámbito de la moral). Quienes intentan hacerlo cometen lo que en filosofía se conoce como la "falacia del es/debe": el error de intentar dar el imposible salto lógico de "lo que es" a "lo que debe ser".

El profesor Lennox, de Oxford, lo explica así con bastante humor:

> La ciencia puede decirnos que poner estricnina en el té de tu abuela la matará. Pero la ciencia no puede decirnos si debemos o no hacerlo para apoderarnos de su propiedad.

Sin embargo, en un libro escrito por el escritor del New Atheist Sam Harris titulado *The Moral Landscape: How science can determine human values*, (El panorama moral: cómo la ciencia puede determinar los valores humanos) Dawkins ofrece el siguiente respaldo:

> Yo era uno de esos que sin pensarlo bien se habían tragado el mito de que la ciencia no tiene nada que decir sobre la moral. El libro de Sam Harris *El panorama moral* lo ha cambiado todo para mí. También los filósofos moralistas encontrarán su mundo excitantemente patas arriba, a medida que descubran la necesidad de aprender algo de neurociencia. En cuanto a la religión y la absurda idea de que necesitamos a Dios para ser buenos, nadie empuña una bayoneta más afilada que Sam Harris.

Entonces, ¿qué novedoso argumento emplea Harris que ha hecho cambiar de opinión a Dawkins? Harris sostiene:

> Simplemente debemos partir de alguna premisa. Yo sostengo que, en la esfera moral, es seguro partir de la premisa de que es bueno evitar actuar de manera que se produzca la peor miseria posible para cada cual, promoviendo así el bienestar.

Partiendo de esta premisa, Harris indica cómo en el futuro la neurociencia podría proporcionarnos formas de medir ese bienestar.

Quizás te preguntes cómo ha evitado Harris el problema de la falacia "es/debe". La respuesta es que no lo ha hecho. Simplemente asume que existen obligaciones morales objetivas, y que la obligación moral fundamental es reducir al mínimo la miseria de todos. El problema es que, sea lo que sea lo que le llevó a esa suposición inicial, no es ciencia. Por tanto, no es cierto que la ciencia apoye los fundamentos de la teoría de Harris. En realidad, su verdad moral fundamental no es más que una declaración. Y únicamente después de afirmar que debemos reducir al mínimo el daño causado a todos, Harris aporta algo de ciencia.

Como objeta el biólogo evolutivo y ateo declarado P. Z. Myers:

> No creo que el criterio de Harris -que podemos utilizar la ciencia para justificar el llevar al máximo el bienestar de los individuos- sea válido. No podemos hacerlo. Ciertamente, podemos utilizar la ciencia para decir cómo podemos producir el máximo de bienestar, después que definamos el bienestar… aunque incluso tal cosa podría ser un poco más resbaladiza de como él la pinta… Harris está introduciendo de contrabando un presupuesto no científico en su categoría de bienestar.

Harris recurre a la ciencia para encontrar la mejor manera de alcanzar su verdad moral fundamental, pero la pregunta más importante es: ¿sobre qué base se justifica su verdad moral fundamental? Porque, ¿qué pasaría si alguien cuestionara su "premisa no científica", la suposición de que es bueno evitar actuar de manera que se produzca la peor miseria posible para todos? ¿Qué pasa si alguien como Hitler decide que deberíamos modificar el punto de partida ético de Harris excluyendo a las personas de ciertas razas o etnias de la lista de aquellos a quienes deberíamos evitar dañar y hacer desgraciados? Hitler también tenía ciertas afirmaciones fundamentales no científicas y, al igual que Harris, también recurrió a la ciencia como herramienta para construir sus afirmaciones fundamentales. Si la ciencia es realmente el fundamento, ¿sobre qué base científica podemos decir que el punto de partida de Hitler era erróneo y el de Harris correcto?

Nos vemos tropezando con la inevitable debilidad filosófica de cualquier sistema ético basado en un supuesto principio moral autoevidente: que cualquier principio enunciado utilizado para sustentar tal sistema ético podemos decir que no es más que una afirmación arbitraria o subjetiva hecha por el propio fundador del sistema. Este es el problema original planteado por Nietzsche contra quienes intentan mantener la idea de una moral objetiva sin referencia a Dios: si Dios ha muerto, ¿quién es el que habla? Bueno, tiene que ser la propia humanidad, porque sin Dios, "el hombre es la medida de todas las cosas", tal como dijo Protágoras. Pero la siguiente pregunta es: ¿cuál hombre o cuál mujer? ¿Qué ser humano? ¿Sam Harris o Adolf Hitler? ¿La Madre Teresa o Josef Stalin? ¿Tú o yo?

¿Es la moral objetiva incuestionable?

Algunos pensadores ateos han intentado argumentar que es un hecho incuestionable del universo que algunos tipos de acciones sean moralmente correctas y otras moralmente incorrectas: es decir, no podemos explicar por qué la bondad es correcta y la crueldad incorrecta, simplemente son.

Sin embargo, como señala el filósofo ateo J. L. Mackie, la principal dificultad de este punto de vista es que sería muy extraño o "raro" que los hechos morales "existan" de algún modo en un universo impersonal y sin propósito en el que en definitiva todo se reduce a las partículas básicas de la física.

Podemos entender cómo pueden existir leyes científicas en un universo que se reduce a las partículas básicas de la física, ya que las leyes científicas simplemente describen lo que ocurre en nuestro universo. Representan observaciones sobre cosas que suceden con una regularidad constante. Sin embargo, las leyes científicas *describen*, mientras que las leyes morales *prescriben*. No nos dicen cómo son las cosas, sino cómo deberían ser: cómo deberíamos vivir. Pero, ¿por qué pensar que un universo impersonal generaría una opinión sobre algo, y mucho menos una opinión sobre cómo vivimos nuestras vidas?

La propia moral es por naturaleza un juicio sobre cómo debemos actuar, pensar y hablar. Pero permíteme preguntar lo siguiente: ¿cómo podemos tener juicios sin un juez? ¿Cómo podemos tener una opinión sin una mente? ¿Cómo puede haber moral en este universo sin que haya alguien detrás? Porque lo impersonal, sin mente, ni sabe ni le importa.

Como escribe Chesterton:

Si ha habido desde el principio algo que pudiera llamarse un propósito, debe residir en algo que tiene elementos personales. No puede haber un propósito o intención flotando en el aire por sí solo, como tampoco puede haber un recuerdo del que nadie se acuerde.

Me parece que, si el ateísmo tiene razón y este universo es absolutamente impersonal y sin propósito, una gigantesca máquina de causa y efecto sin guía que apareció *de* la nada, *por medio* de nada y *para* nada, lo que tenga que decir entonces sobre cómo vivir nuestras vidas es, y no puede ser otra cosa, nada.

Además, incluso si lo imposible fuera posible, y un universo impersonal pudiera generar de algún modo verdades morales, ¿qué aspecto tendría en una experiencia significativa? Tomemos, por ejemplo, la obligación moral de no torturar por diversión a inocentes. Supongamos que un universo impersonal ha generado de algún modo una ley moral objetiva que dice que torturar por diversión a inocentes está mal. Pues bien, imaginemos ahora una situación en la que un emperador o monarca con poder absoluto y total sobre sus ciudadanos tiene la afición de hacer exactamente eso: torturar a ciudadanos inocentes por diversión. ¿Qué significaría para ese emperador que existiera esa obligación moral? ¿Y qué diferencia habría si se limitara a ignorar esta obligación moral generada por un universo impersonal? Ya es bastante difícil saber lo que significa que una ley moral objetiva exista como una mera abstracción, como flotando en algún lugar del universo, dictando cómo debemos vivir nuestras vidas; pero más difícil aún es comprender qué autoridad práctica tiene sobre aquellos que no se sienten inclinados a seguirla.

Buscar una realidad moral en un universo impersonal no tiene sentido. No condenamos a los huracanes por destruir casas, ni a los meteoritos por chocar contra planetas, ni siquiera a los gatos por torturar ratones. La moral es un atributo que solo tiene que ver con las personas.

Intentar explicar la existencia de una ley moral objetiva sin un legislador moral objetivo es como intentar imaginar una historia sin un narrador o un juicio sin un juez: no tiene sentido. En cambio, la existencia de un Dios personal y moral detrás de la existencia de este universo tiene un sentido eminente en combinación con una ley moral objetiva.

La objeción de Eutifrón

Una objeción que los ateos plantean a veces en contra de la idea de Dios como fuente de una ley moral objetiva es que parece hacer arbitraria la moralidad. Calibramos el peso de esta crítica en la famosa pregunta que Sócrates planteó a

Eutifrón -conocida muchas veces como el "dilema de Eutifrón"- que, parafraseada a grandes rasgos, sería: ¿es bueno algo porque Dios lo quiere, o Dios lo quiere porque es bueno? El problema con la primera opción es que parece hacer arbitraria la moral, implicando que la moral es simplemente lo que Dios ordena, sin importar lo que ordene. El problema con la segunda opción es que parece obligar a Dios, al someter su voluntad a una autoridad aún mayor que él; un problema especialmente agudo para los cristianos, que entienden que no hay autoridad mayor que la de Dios.

El filósofo cristiano William Alston sostiene que lo que Eutifrón debería haber dicho a Sócrates es: "Hay una tercera posibilidad, a saber, que Dios quiere lo que hace no porque tal cosa sea buena, sino porque él es bueno". Dicho de otro modo, la bondad misma proviene de Dios. Por tanto, la bondad y la voluntad de Dios nunca pueden estar en conflicto.

El cristianismo defiende que la bondad no es una mera ilusión, ni una invención humana, ni una abstracción que flota libre en un universo impersonal: es real, está arraigada y fundamentada en la persona. La persona de Dios. En contraste con la vacuidad moral del ateísmo, la existencia de un Dios moralmente bueno ofrece una explicación mucho mejor y más satisfactoria de la moral objetiva y de nuestra propia conciencia de esta realidad objetiva, como seres creados a imagen de este Dios moralmente bueno.

No dejes de creer

Si, como la mayoría de la gente, crees en una ley moral objetiva -que algunas cosas están realmente bien y otras mal-, entonces quizás este capítulo te haya ayudado a ver que lo que crees tiene pleno sentido en un universo en el que tú y yo no estamos por accidente, sino con un propósito, porque Dios quiso que estuviéramos aquí y tiene una opinión sobre cómo debemos vivir nuestras vidas en este universo que Él creó. Si eres un ateo convencido, es posible que este capítulo te haya hecho dudar de lo que crees, ya sea en la existencia de una ley moral objetiva o en la inexistencia de Dios. Espero que sea esto último. Lo último que necesita nuestro mundo es más gente que, como Nietzsche, no crea que el genocidio, el abuso de menores o el racismo son objetivamente malos. Sea lo que sea que un filósofo piense acerca de alguien incapaz de reconocer que tales cosas son verdaderamente malas, un psicólogo se preocuparía bastante al respecto.

Además, ¿quién de nosotros podría dudar de la existencia de la moral, aunque lo intentáramos? ¿Quién de nosotros podría dudar de que la crueldad está mal y que los actos de bondad son buenos? No podemos dudar más de la existencia de una ley moral que de que existen leyes científicas. Ambas cosas son ciertas, las dos son importantes. Nuestra idea de la vida no sería completa sin cualquiera de ellas. Y, lo que es revelador, la existencia de Dios da sentido a ambas. Él da sentido a la vida en su totalidad.

10

La aportación de la historia

La historia de Jesús: ¿realidad o ficción?

¿Qué Dios?

Hasta ahora hemos examinado las razones y las pruebas de que Dios existe. Pero, si existe un Dios creador, ¿por qué llegamos a la conclusión de que ese es el Dios cristiano?

Para los cristianos, la principal respuesta a esta pregunta es "debido a Jesucristo". Si Dios existe, y las pruebas que hemos visto indican claramente que sí, la siguiente pregunta es: "¿Ha hablado Dios?". El cristianismo responde a esa pregunta con un rotundo: "¡Sí! Sí, nos ha hablado, y de manera muy clara en Jesús".

El cristianismo afirma que Jesús era y es Dios, venido en carne humana. Piénsalo un momento. Que Dios eligiera entrar en nuestra historia espacio-temporal como uno de nosotros. Que, en Jesús, Dios comió y bebió; sudó y se cansó; sufrió dolor y sintió emociones humanas: amor, alegría, tristeza. Que vivió experiencias humanas normales como crecer en una familia, tener un trabajo, ser tentado, y sufrir experiencias humanas como el duelo, la traición, la tortura y, finalmente, la crucifixión.

Este es el gran milagro que los cristianos llamamos "encarnación": que el Dios altísimo, movido por el amor, se rebajara tanto y entrara en nuestro mundo para nacer como uno de nosotros, vivir entre nosotros, sufrir y morir por nosotros, para rescatarnos de nosotros mismos, y resucitar para rescatarnos de la muerte. Lewis utiliza la notable analogía de un buzo para ilustrar la maravilla de este descenso y resurrección divinos:

Uno tiene la imagen de un buceador, despojándose de una prenda tras otra, quedando desnudo, luego centelleando por un momento en el aire, y luego bajando a través del agua verde, cálida e iluminada por el sol hasta el agua completamente oscura, fría y helada, bajando hasta el lodo y el fango, luego subiendo de nuevo, con los pulmones a punto de reventar, volviendo de nuevo al agua verde, cálida e iluminada por el sol, y luego, por fin, saliendo a la luz del sol, sosteniendo en su mano la cosa goteante que bajó a buscar. Esta cosa es la naturaleza humana.

La idea es que Jesús vino al mundo para rescatarnos y hacernos revivir no solo moral, intelectual y emocionalmente, sino también espiritualmente. Como observa Chesterton: "Jesús no vino al mundo para hacer que los malos fueran buenos, vino para hacer que los muertos vivieran".

La singularidad de Jesucristo

A veces me encuentro con gente que se sorprende al descubrir que Jesús fue una persona real. Mucha gente lo considera una figura mítica o una leyenda. Pero en lo que respecta a los historiadores, el hecho de que Jesús existió no se discute en realidad. El historiador John Dickson afirma que creer que Jesús nunca existió equivale históricamente a negar la llegada a la luna. Y el biblista Bart Ehrman, que no es cristiano, escribe que prácticamente todos los estudiosos de la antigüedad, de los estudios bíblicos, de los clásicos y de los orígenes cristianos están de acuerdo en que Jesús existió.

Puesto que el cristianismo representa el primer sistema de creencias del mundo (por el número total de seguidores), el vasto y duradero impacto de Jesús en la humanidad y en la historia de la humanidad es incontrovertible. Además de ser el líder con mayor número de seguidores, no ha habido nadie que haya alcanzado el nivel de impacto en las distintas culturas y etnias como el que ha alcanzado Jesús, incluso entre quienes no son cristianos.

En una entrevista, Albert Einstein dijo lo siguiente:

> Nadie puede negar que Jesús existió. Yo soy judío, pero me cautivó la luminosa figura del Nazareno. Nadie puede leer los Evangelios sin sentir la presencia real de Jesús. Su personalidad palpita en cada palabra. Ningún mito está lleno de tanta vida.

La vida y las enseñanzas de Jesús no solo han tenido un profundo impacto en Occidente, sino también en África, América del Sur y Asia, las partes del mundo donde ahora vive la mayoría de los cristianos. El propio Jesús procedía de una parte del mundo que toca a África, Asia y Europa.

Sus enseñanzas son ampliamente reconocidas como las más grandes que jamás hayan salido de los labios de un ser humano: ama a tu prójimo como a ti mismo. Haz a los demás lo que te gustaría que te hicieran a ti. Ama a tu enemigo. Pon la otra mejilla.

Incluso muchos ateos consideran sus palabras como las más grandes jamás pronunciadas. John Mortimer, el conocido abogado y escritor que creó la serie

Rumpole of the Bailey[7] -y ateo declarado- dice que "está fuera de toda duda que la sociedad debe volver a las enseñanzas de Jesús como sistema ético si queremos evitar desastres sociales".

Como abogado, puedo afirmar que nuestro sistema jurídico occidental, admirado en todo el mundo, no surgió de un vacío filosófico o ético. Aunque rara vez se reconozca hoy en día, nuestro sistema jurídico se basa en la ética judeocristiana. Muchas de nuestras leyes se han basado originalmente en las enseñanzas de Jesús. La ley de negligencia, por ejemplo, que establece que cada uno de nosotros tiene el deber de evitar actos que razonablemente puede preverse que pueden dañar a otros, se basa directamente en la enseñanza de Jesús de que debemos amar a nuestro prójimo.

Hablando de la influencia moral de Jesús en nuestro planeta, el famoso historiador y escéptico confeso W. E. H. Lecky escribe:

> El carácter de Jesús no solo ha sido el modelo más elevado de virtud, sino también el mayor incentivo para practicarla, y ha ejercido una influencia tan profunda que puede decirse con verdad que el simple registro de tres cortos años de vida activa ha hecho más por regenerar y apaciguar a la humanidad que todas las disquisiciones de los filósofos y todas las exhortaciones de los moralistas.

Incluso se dice que Napoleón Bonaparte, que cambió la historia, comentó que:

> Entre [Jesús] y cualquier otra persona en el mundo no hay término de comparación posible. Alejandro, César, Carlomagno y yo mismo fundamos imperios; pero ¿sobre qué cimientos apoyamos las creaciones de nuestro genio? Sobre la fuerza. Jesucristo fundó un imperio sobre el amor; y en esta hora millones de hombres morirían por Él.

No cabe duda que este increíble e inigualable nivel de impacto histórico requiere una explicación. Sobre todo, si tenemos en cuenta que Jesús no era rico, no era político, no tenía ejército, nunca viajó lejos de su casa y fue asesinado de la forma más humillante posible cuando solo tenía treinta y tres años: colgado desnudo en una cruz para morir en pleno espectáculo público. En una cultura de la vergüenza y el honor como la de entonces, este final tan poco glorioso debería haber

---

7   En español, *Los casos de Horace Rumpole, abogado.*

supuesto la desintegración total de cualquier movimiento que él hubiera intentado llevar a cabo. Pero, 2000 años más tarde, más de 2000 millones de personas se identifican como seguidores suyos. ¡Incluso hablamos de acontecimientos históricos en según lo que ocurrió "antes de él" (a. C.) y "después de él" (d. C.)!

Algo realmente extraordinario debe haber ocurrido después de su muerte para explicar todo esto. La respuesta cristiana es: "Algo verdaderamente extraordinario ocurrió: Jesús resucitó de entre los muertos".

Hay quienes pueden responder a esta afirmación cristiana diciendo: "Está bien, admito que Jesús obviamente existió y tuvo un gran impacto. Los historiadores no lo dudan, de acuerdo. Pero ¿por qué tenéis que poneros tan exquisitos y sobrenaturales y afirmar que Jesús era Dios? ¿Por qué no podemos limitarnos a decir que fue un maestro moralista muy bueno que hizo y dijo algunas cosas moralmente buenas y dejarlo ahí?

Pues bien, la respuesta adecuada a esto es que no podemos hacerlo porque Jesús mismo no nos lo permite. Consideremos las afirmaciones que hizo sobre sí mismo. Mientras otros líderes religiosos enseñaban a la gente una manera de vivir, Jesús dijo: "Yo soy el camino". Mientras otros líderes religiosos enseñaban a la gente una verdad en la que creer, Jesús dijo: "Yo soy la verdad". Y mientras otros líderes religiosos enseñaban a la gente cómo vivir una vida plena, Jesús dijo: "Yo soy la vida".

En Jesús encontramos a un hombre que no solo afirmaba que su palabra era la más importante de todo el mundo, sino que afirmaba que con su palabra había hecho el mundo entero. A diferencia de todos los demás líderes religiosos importantes, Jesús no solo enseñó acerca de Dios, sino que afirmó, con sus palabras y sus acciones, ser Dios.

No podemos simplemente descartar tales afirmaciones como las de un buen maestro moralista. Porque, si fuera cualquier otra persona, estas afirmaciones sonarían como los desvaríos de un loco o un megalómano.

Como han señalado muchos predicadores, dado lo que dijo, Jesús o era un mentiroso, un lunático o el Señor (o un loco, un hombre malvado o un Dios-hombre, como han dicho otros). En cualquier caso, lo que no podemos hacer es simplemente llamarle un buen maestro moralista y ya está.

Lewis escribe:

Un hombre que solo fuera un hombre y dijera el tipo de cosas que dijo Jesús no sería un gran maestro moralista; o estaría loco o sería el diablo del infierno. Tienes que decidir. O este hombre era y es el Hijo de Dios o estaba loco o algo peor. Pero que no se nos ocurra ninguna estupidez paternalista como que fue un gran maestro humano. No nos dejó esa posibilidad. No fue su intención.

¿Fue quizás un lunático? Digan lo que digan sobre la enseñanza de Jesús, lo que no puede decirse es que su enseñanza fuera la de un loco; porque su enseñanza es reconocida casi universalmente como brillante y profunda. Desde su perspectiva de psiquiatras, Pablo Martínez y Andrew Sims (ex presidente del Royal College of Psychiatrists [Real Colegio de Psiquiatras]) aplican una serie de pruebas para examinar la salud mental de Cristo basándose en sus palabras, acciones, relación con los demás, reacciones ante la adversidad e influencia sobre las personas. Concluyen: "Jesús no solo fue un hombre con una personalidad equilibrada, sino que también vivió una vida totalmente recta... Las palabras y los hechos de Jesús indican claramente una salud mental extraordinaria y una rectitud moral inequívoca". También observan: "Si Jesús hubiera sido psicótico, lo más probable es que no hubiera muerto clavado en la cruz como un malhechor, sino que hubiera sido abandonado en las calles".

Está claro que Jesús no estaba loco. Pero si no era un loco, ¿acaso era un hombre malvado? ¿Una especie de estafador religioso?

Leemos que Jesús viajó, comió, habló y vivió con sus discípulos prácticamente 24 horas al día, 7 días a la semana, durante tres años, y ni una sola vez le vieron hacer nada malo. Si lo hubieran hecho, nunca habrían creído que era Dios. Ningún estafador, por bueno que fuera, podría seguir fingiendo durante tanto tiempo con ese grado de proximidad y franqueza continuos.

Y aunque su propia vida era intachable, Jesús era conocido como el amigo de los pecadores porque se relacionaba con los rechazados por la sociedad -prostitutas, leprosos, recaudadores de impuestos- Jesús tenía tiempo para todos ellos. Y dadas sus experiencias vitales, seguramente eran personas muy expertas en reconocer a los farsantes y oler las mentiras.

Jesús también tenía tiempo para los niños pequeños y no se dejaba influir por las exigencias de las multitudes o de los poderosos. Los únicos para quienes no era bien visto eran los dirigentes religiosos de su tiempo, y sin embargo ni siquiera sus peores detractores podían señalarle con el dedo acusador. Podía preguntar a los líderes religiosos: "¿Quién de vosotros puede condenarme por algún pecado?" y dejarlos sin palabras. Cuando fue juzgado por el gobernador romano de Judea, el mismo Poncio Pilato llegó a la conclusión de que aquel hombre no había hecho nada malo. Pilato ofreció repetidamente a la multitud liberar a Jesús. Incluso cuando Jesús estaba siendo torturado, al final de sus límites físicos, las palabras que salieron de sus labios fueron: "Padre, perdónalos, porque no saben lo que hacen" (Lucas 23:34, NVI). Por todo ello, el escritor ruso Dostoievski describió a Jesús como "infinitamente bello".

¿Cómo podría decirse de alguien así que era un hombre malvado?

Tal vez el hecho decisivo más importante sobre la cuestión de si Jesús era realmente Dios o no es el siguiente: ¿Resucitó de entre los muertos, como dijo que haría? Esta es una pregunta crucial. ¿Resucitó realmente de la tumba? Porque, si Jesús realmente resucitó de entre los muertos, como dijo que haría, entonces tiene sentido creer todo cuanto dijo acerca de sí mismo. Pero si no resucitó de entre los muertos, entonces tiene poco sentido creer que realmente era Dios, a pesar de la belleza de sus palabras y acciones.

En otras palabras, tenemos que tomar una decisión. No hay término medio. O era Dios o no lo era, y lo que es depende mucho de si se quedó muerto, como hacen los muertos, o si resucitó de verdad al tercer día, como dijo que haría. Incluso el apóstol Pablo se complace en admitir que si Jesús no resucitó de entre los muertos no tendría sentido creer en él como Señor, por muy profundas que fueran sus enseñanzas. En una de sus cartas recogidas en el Nuevo Testamento, escribe: "Si Cristo no ha resucitado, nuestra predicación no sirve para nada, como tampoco vuestra fe… Si la esperanza que tenemos en Cristo fuera solo para esta vida, seríamos los más desdichados de todos los mortales" (1 Corintios 15:14,19, NVI).

La resurrección

¿Tiene entonces algún sentido que una persona culta, que vive en el siglo XXI, crea en la resurrección histórica de Jesucristo?

Algunos dirán: "¡Claro que no!". Porque, admitámoslo, creer que resucitó de entre los muertos es creer en algo extraordinario para lo que no hay pruebas, porque estamos haciendo afirmaciones sobre un acontecimiento que ocurrió hace casi 2000 años.

Sin embargo, aunque es cierto que estamos hablando de algo que ocurrió hace 2000 años, hay muchos otros sucesos que ocurrieron en la historia antigua de los cuales estamos seguros que ocurrieron, como la caída de Roma, las conquistas de Alejandro Magno, la muerte de Sócrates y la batalla de las Termópilas. Si tacháramos de irracional cualquier creencia por el mero hecho de que se refiera a un acontecimiento de la historia antigua, estaríamos tachando de irracional una buena parte de lo que creemos sobre nuestro mundo, borrando de hecho una parte considerable del currículo educativo.

Quiero sugerir que, siempre que uno no sea tan escéptico como para descartar por completo los estudios históricos, y siempre que uno tenga la mente lo suficientemente abierta como para investigar y considerar las pruebas históricas de la resurrección de Jesucristo, hay argumentos muy convincentes a favor de la historicidad de la resurrección.

Creer en los milagros

Aun así, a menudo oigo a la gente decir: "¡Mira! No me importa qué pruebas creas que tienes de la resurrección. Ni siquiera necesito mirarlas. Porque "sé que sé que sé" que la gente simplemente no se levanta de los muertos. Va en contra de las leyes de la naturaleza y, por tanto, es absolutamente imposible".

Así que, antes de analizar las evidencias de la resurrección, consideremos esta objeción a creer en la resurrección, que los milagros son imposibles. ¿Es esta realmente una objeción racional? El argumento, puesto un poco más formalmente, se parece a lo que sigue:

- **Premisa 1:** todo cuanto sucede es el resultado de leyes naturales uniformes;
- **Premisa 2:** un milagro (acontecimiento inexplicable por las leyes naturales uniformes) sería una violación de la premisa 1;
- **Conclusión:** los milagros no ocurren nunca.

Pero el problema con este silogismo es que está viciado, porque la afirmación de que *todo cuanto sucede es el resultado de leyes naturales uniformes* (premisa 1), es tan solo otra forma de decir que *los milagros no ocurren nunca* (conclusión). Dicho de otro modo, el argumento comienza afirmando lo mismo que intenta demostrar. En lógica, este tipo de circularidad se considera una falacia formal. Así, cuando alguien afirma que los milagros nunca ocurren porque las leyes de la naturaleza lo explican todo, en realidad no está argumentando nada. A lo sumo, se limita a afirmar y reafirmar una determinada cosmovisión conocida como naturalismo ateo, que (como se dice en el capítulo 7) es una cosmovisión que asume que la totalidad de la existencia puede explicarse como un sistema cerrado y autónomo de causas naturales.

Al igual que el naturalismo ateo, el cristianismo también entiende que vivimos en un sistema de causas naturales uniformes, como la gravedad (después de todo, Isaac Newton era cristiano). Solo que, como Newton, los cristianos creemos que este sistema de causas naturales uniformes no es un sistema cerrado, sino abierto, un sistema abierto a la intervención de Dios, el Creador del sistema. De hecho, la propia palabra "milagro" presupone algo, en vez de ignorarla, la idea de que la naturaleza funciona según leyes naturales coherentes y ordenadas, porque si no fuera así, los milagros, cuando se producen, no tendrían nada de sorprendente.

Si has estudiado filosofía, es posible que te hayas encontrado con un argumento mucho más sofisticado contra los milagros, planteado por el filósofo ilustrado Hume. Se trata de un argumento contra la creencia en los milagros, basado no en su imposibilidad, sino en su improbabilidad.

El mejor argumento de Hume contra la racionalidad de creer en milagros es algo así: basándonos en nuestro conocimiento general y en la observación del funcionamiento del mundo (es decir, en el hecho de que cada día observamos innumerables acontecimientos, todos ellos explicables por leyes naturales uniformes), la probabilidad intrínseca de un milagro es tan extraordinariamente pequeña que nunca sería racional creer en un milagro basándonos en el testimonio humano.

Con un razonamiento similar al de Hume, el crítico del Nuevo Testamento Bart Ehrman argumenta:

> Los historiadores solo pueden establecer lo que es probable que ocurriera en el pasado, y por definición un milagro es el suceso que tiene menos probabilidades de ocurrir. Y así, por los propios cánones de la investigación histórica, no podemos afirmar que un milagro probablemente ocurriera. Por definición, lo más probable es que no ocurriera.

Si Hume y Ehrman están en lo cierto, parece que los estudios históricos nunca podrían respaldar la validez de afirmaciones milagrosas como la resurrección. Sin embargo, no están en lo cierto, como han señalado otros filósofos. El error del argumento de Hume es el siguiente: Hume deduce que, dado que la probabilidad previa de los milagros, en términos generales, es extremadamente baja, la probabilidad de que cualquier afirmación milagrosa específica sea cierta también debe ser extremadamente baja. Parece lógico, pero no lo es. La razón por la que este argumento es erróneo es porque la evidencia circunstancial puede hacer muy probable lo que de otro modo sería un suceso intrínsecamente improbable.

Esto se puede demostrar utilizando el análisis de probabilidades de Bayes, comúnmente conocido como "teorema de Bayes", que es una fórmula matemática utilizada por filósofos y científicos para el cálculo de probabilidades. Se trata, por supuesto, de algo bastante técnico y puede que solo interese a los matemáticos que están leyendo este libro. Pero, en realidad, la idea de que las pruebas circunstanciales pueden hacer muy probable lo que de otro modo sería un suceso intrínsecamente improbable es algo que la mayoría de la gente reconoce intuitivamente, damos algunos ejemplos.

Por ejemplo, si la probabilidad intrínseca de que ocurra el suceso X en un momento dado fuera lo único que tuviéramos en cuenta para determinar si el suceso X ha ocurrido en un momento concreto, nos veríamos abocados a negar la fiabilidad de muchas noticias cotidianas que leemos en los periódicos. Por ejemplo, negaríamos que a Bob Edwards le hubiera caído un rayo por tercera vez en su vida, tal y como informó *The Times*, o que a Jill Smith le hubiera tocado la lotería por segunda vez en su vida, tal y como informó *The Guardian*. Pero lo cierto es que nos creemos las noticias tal y como nos las cuentan, aunque la probabilidad de que a una persona le caiga un rayo tres veces o le toque la lotería dos veces sea extremadamente baja. ¿Por qué? Porque también tenemos en cuenta, conscientemente o no, las pruebas que rodean a estos sucesos concretos, incluido lo poco probable que es que el periódico informe de sucesos tan tremendamente improbables si no hubieran ocurrido en realidad.

Por cierto, un hombre llamado Bob Edwards de Carolina del Norte fue realmente alcanzado por un rayo tres veces, una en 1997, otra en 2009 y otra en 2012. Es un hombre a quien no te gustaría tener de amigo muy cerca de ti.

Lo interesante es que nuestro sistema jurídico también se basa en este mismo concepto de probabilidad y evidencia. Los jueces son especialmente conscientes de que las pruebas circunstanciales pueden hacer muy probable lo que de otro modo sería un acontecimiento intrínsecamente improbable. En un caso de 2008, una jueza del Privy Council[8] proporcionó una célebre ilustración para demostrar cómo funciona este asunto. Explicó que, si un hombre que pasea por Regent's Park en Londres afirma haber visto un león en el parque, con toda probabilidad se estaría equivocando. Lo más seguro es que se tratara solo de un perro grande. Sin embargo, si salen a la luz más pruebas, como el hecho de que la jaula del león del zoo de Londres (que está al lado de Regent's Park) estuviera abierta y que el león que debería estar allí no estaba, entonces lo más seguro es que el hombre viera, en efecto, un león. Dicho de otro modo, las pruebas circunstanciales que rodean la afirmación han hecho que lo que normalmente sería un suceso muy poco probable, sea en realidad bastante probable.

Por eso los buenos abogados, filósofos, matemáticos y científicos reconocen, metodológicamente, que este tipo de afirmaciones deben estudiarse caso por caso. No se pueden ignorar las pruebas. Por tanto, racionalmente hablando, históricamente no hay ningún argumento *a priori* en contra de declarar que ha sucedido un milagro.

---

8 En Gran Bretaña, consejo privado del rey. N.T.

Como señala el teólogo moderno Wolfhart Pannenberg:

Si alguien con David Hume lo considera... que como regla general sin excepciones los muertos permanecen muertos, entonces por supuesto no se puede aceptar la afirmación cristiana de que Jesús resucitó. Pero en ese caso no se trata de un juicio histórico sino de una convicción ideológica.

Dicho de otro modo, los buenos historiadores, así como los abogados, deben estar dispuestos a ir hasta donde les lleven las pruebas. Lo que nos lleva de nuevo a nuestra pregunta.

¿Qué pruebas hay de la resurrección?

Investigar las pruebas de la resurrección

Con el fin de ser lo más imparciales posible, consideremos como pruebas únicamente aquellos hechos históricos relativos a Jesucristo que prácticamente todos los historiadores serios reconocen, ya sean cristianos, ateos, agnósticos o de cualquier otro tipo.

Gracias al trabajo de los eruditos, esto es algo que estamos en condiciones de hacer. Me refiero en particular al trabajo de Gary R. Habermas y Michael R. Licona que, entre ambos, han cotejado y analizado más de 3500 trabajos y artículos académicos -prácticamente todo lo escrito por historiadores académicos desde 1975 sobre los acontecimientos que rodearon la vida, muerte y resurrección de Jesús- con el fin de determinar los hechos históricos sobre los cuales todo el mundo está de acuerdo.

Lo que demuestra su trabajo es que prácticamente todos los historiadores serios, ya sean cristianos, ateos, agnósticos o de cualquier otro tipo, reconocen los siguientes tres hechos básicos sobre Jesucristo: primero, que murió crucificado; segundo, que sus discípulos creyeron realmente que Jesús resucitó de entre los muertos y se les apareció en varias ocasiones; y tercero, que la Iglesia primitiva creció rápidamente poco después de la muerte de Jesús. En realidad, podríamos recurrir a otros hechos como prueba a favor de la resurrección además de estos tres mencionados, pero para simplificar las cosas, me limitaré a ellos.

Investigar el caso de la resurrección implica entonces evaluar cuál de las hipótesis disponibles tiene más sentido a la luz de estos hechos básicos sobre los que se está de acuerdo. Por cierto, esto es básicamente lo que hacen los jueces con las pruebas que se les presentan en un tribunal. Los jueces deciden qué constituye una prueba válida y, a continuación, de las pruebas deducen la mejor explicación. La palabra técnica para este proceso de razonamiento se llama "deducción". Resulta que es el mismo tipo de razonamiento que utiliza Sherlock Holmes para resolver todos sus casos.

Naturalmente, si la resurrección ocurrió, encajaría perfectamente con estos hechos históricos sobre los que todos están de acuerdo. Es decir, si la resurrección ocurrió, explicaría por qué los discípulos de Jesús creyeron de verdad que Jesús resucitó de entre los muertos y se les apareció en varias ocasiones; y explicaría por qué poco después la Iglesia primitiva creció tanto.

Pero aquí está el desafío: si hay una alternativa naturalista plausible para estos hechos de la historia aceptados por todos, entonces es posible que la afirmación de la resurrección no sea cierta, al menos desde un punto de vista histórico.

Teorías alternativas

¿Cuáles son entonces las hipótesis alternativas? Bueno, si Jesús no resucitó de entre los muertos como creen los cristianos, significa que sus discípulos, que dijeron que sí lo hizo, o eran unos *engañadores*, o habían sido *engañados,* o estaban *equivocados*.

¿Podrían los discípulos haber engañado a todo el mundo? La respuesta es: "Claro que no". Aparte del hecho de que habrían tenido que robar el cuerpo para fingir una resurrección, lo que era prácticamente imposible dado que la tumba estaba sellada con una roca y custodiada por los romanos, los historiadores están casi unánimemente de acuerdo en que los discípulos creyeron sinceramente que habían visto a Jesús resucitado. ¿Por qué? Porque los discípulos se negaron a retractarse de su afirmación de que había resucitado, incluso después de ser perseguidos, torturados y ejecutados. Y, como reconocen los historiadores, nada prueba más la sinceridad que el martirio. La gente no lo sacrifica todo voluntariamente por algo que sabe que es mentira, especialmente cuando sabe que no gana nada siendo mentira. Los primeros discípulos no tenían nada que ganar inventando una mentira sobre la resurrección de Jesús, pero sí todo que perder, incluyendo su reputación, amistades, posición social, seguridad e incluso sus propias vidas.

Pero si los discípulos no mentían, puede que hubieran sido engañados. ¿Es esta una explicación plausible? Bueno, tienes que preguntarte: "¿Quién habría querido engañarlos?". Los romanos no. Ellos no habrían querido crear una leyenda que desafiara la autoridad de Roma. Ni tampoco los líderes judíos. Querían a Jesús muerto porque desafiaba su autoridad religiosa.

¿Quizás fue el mismo Jesús quien los engañó a todos y en realidad no murió? Esta fue durante un tiempo la principal teoría naturalista, que Jesús simplemente se desvaneció o se desmayó en la cruz; revivió en la tumba, hizo rodar la enorme piedra que la sellaba, se escapó de alguna manera de los soldados romanos que custodiaban la tumba y luego convenció a sus seguidores de que había resucitado de entre los muertos cuando, en realidad, solo se había desmayado. La imposibilidad práctica de esta teoría me recuerda la historia del chico que envió la siguiente carta al foro de preguntas y respuestas de una revista:

> Estimados señores, en cuanto a la resurrección mi maestro dice que Jesús se desmayó en la cruz y que los discípulos lo curaron. ¿Qué opinan ustedes? Atentamente, Tommy.

La respuesta fue:

> Querido Tommy, te sugiero que cojas a tu maestro y lo golpees, fuerte, 39 veces con un látigo romano de nueve tiras, luego lo claves en una cruz y lo dejes colgado al sol durante seis horas, que le atravieses después el costado con una lanza hasta los pulmones y lo metas en una tumba sin aire durante 36 horas, a ver qué pasa".

La teoría del desvanecimiento, aunque fue popular en su día, ha sido desacreditada en los tiempos modernos por ir en contra del peso de la evidencia histórica (incluyendo lo que sabemos sobre la minuciosidad con la que los soldados romanos se aseguraban de que sus criminales crucificados estuvieran realmente muertos; de lo contrario, podrían haber acabado ajusticiados ellos mismos) y los conocimientos médicos modernos (incluida la forma en que el flujo de sangre y agua del costado de Jesús indica que la lanza habría atravesado tanto el corazón como los pulmones de Jesús, y el agua indica una acumulación de líquido pericárdico y pleural en las membranas que rodean el corazón y los pulmones, síntoma a su vez de una grave pérdida de sangre y de agua).

Si los discípulos no fueron engañados ni tampoco engañadores, entonces tal vez solo estuvieran equivocados. Esta es la tercera posibilidad. Hay quienes han intentado defenderla, siendo la principal teoría alternativa que la resurrección de Jesús fue una alucinación de sus discípulos.

Obviamente, la teoría de la alucinación podría explicar cómo es posible que ciertas personas creyeran individualmente que habían visto a alguien volver de entre los muertos. Sin embargo, el problema de esta teoría es que, aunque podría explicar las apariciones individuales, no puede explicar las apariciones de Jesús a grupos, porque las alucinaciones no son un fenómeno de grupo, especialmente alucinaciones que duran cuarenta días, vistas por más de 500 personas, que hablan y comen juntos y cuyas palabras y acciones son recordadas después por otras personas diferentes exactamente de la misma manera.

La ausencia de cualquier explicación naturalista plausible para los hechos de la historia aceptados por todos en relación con la afirmación de la resurrección ha permitido llegar a la importante conclusión propuesta en el libro del profesor de Oxford Swinburne, *The Resurrection of God Incarnate* (La resurrección de Dios encarnado). Aplicando el análisis de probabilidades del Teorema de Bayes, Swinburne sostiene que se puede argumentar razonablemente que con un 97% de probabilidad Jesucristo realmente resucitó de entre los muertos. Por supuesto, siempre podrás encontrar algún libro en alguna parte respaldando cualquier otra afirmación, pero aquí tenemos un libro publicado por Oxford University Press y revisado por expertos del más elevado nivel académico. Es cierto que, como ha dicho el propio Swinburne, no deberíamos darle demasiada importancia a la cifra exacta a la que se llega como porcentaje, ya que, como ocurre con cualquier conclusión de la teoría de la probabilidad, en algunos puntos su cálculo se basa en estimaciones fundamentadas que se introducen en la ecuación; pero el énfasis está en la palabra "fundamentadas". El hecho de que Swinburne pueda defender hábilmente su conclusión en conferencias académicas de todo el mundo demuestra que existe un conjunto importante de razones y pruebas históricas a favor de la resurrección de Jesucristo que no pueden ser ignoradas sin más. Pero eso es exactamente lo que suelen hacer muchos comentaristas que se burlan de quienes creen en una resurrección histórica.

El conocido erudito británico N. T. Wright dice:

> He analizado todas las explicaciones alternativas, antiguas y modernas, acerca del surgimiento de la Iglesia primitiva, y tengo que decir que la mejor explicación histórica es que Jesús de Nazaret... realmente resucitó de entre los muertos.

Incluso el erudito escéptico Géza Vermes, admitió que en 2000 años de investigación histórica no se ha aportado ninguna explicación naturalista que explique satisfactoriamente los hechos de la historia: es decir, las sinceras afirmaciones de los discípulos de haber experimentado a Jesús resucitado, la completa transformación de sus vidas y sus cosmovisiones y el rápido crecimiento de la Iglesia primitiva. Por eso, el planteamiento de quienes niegan la resurrección parece haber cambiado en los dos últimos decenios, pasando del intento de utilizar la investigación histórica para falsificar la resurrección a la afirmación de que la cuestión histórica de la resurrección "seguramente no tenga respuesta".

Pero en historia, como en un tribunal de justicia, las pruebas exigen un veredicto. Siempre que uno se acerque a las pruebas sin ninguna presuposición dogmática previa con respecto a los milagros, la explicación que tiene más sentido de estos hechos notables y consensuados de la historia es que Jesucristo resucitó real y verdaderamente de entre los muertos. De hecho, no se trata solo de que sea la mejor explicación, en el sentido de que se ajusta mejor a los hechos. También es la *única* explicación que se ajusta a los hechos.

No es de extrañar entonces que exista un gran número de testimonios bien conocidos de antiguos abogados, filósofos, científicos, detectives y periodistas escépticos, todos los cuales se convencieron de la validez de la resurrección en el proceso mismo de investigar el cristianismo para refutarlo: personas como Simon Greenleaf, C. S. Lewis, Frank Morrison, John Warwick Montgomery, Alister McGrath, Lee Strobel y J. Warner Wallace. Su trabajo pone de manifiesto que, con respecto a gran parte del escepticismo popular actual hacia las afirmaciones históricas del cristianismo, no se trata tanto de que se hayan investigado las pruebas y se hayan encontrado insuficientes, sino de que muchas veces ni siquiera se han investigado.

El significado de la resurrección

Como hecho histórico, la importancia de la resurrección de Jesucristo es innegable, pues normalmente se nos dice que cuando morimos, no hay más. Se acabó todo. Que nuestras vidas -cuanto somos: nuestros pensamientos, emociones y recuerdos- simplemente se acaban. Las cenizas vuelven a las cenizas. El polvo al polvo. El filósofo francés contemporáneo Luc Ferry dice lo siguiente:

A diferencia de los animales, el ser humano es la única criatura que sabe que morirá y que sus seres queridos también morirán. Por consiguiente, no puede evitar pensar en ese estado de cosas, inquietante y absurdo, casi inimaginable.

No es de extrañar que el famoso artista Damian Hirst haya escrito:

¿Por qué me siento tan importante cuando no lo soy? Nada es importante y todo es importante. No sé por qué estoy aquí, pero me alegro de estarlo. Prefiero estar aquí a no estar. Voy a morir y quiero vivir para siempre, no puedo escapar a ese hecho, y no puedo desprenderme de ese deseo.

Para todos nosotros, la muerte es la gran fatalidad que se cierne sobre nuestras vidas como un espectro, amenazando con despojar al presente de cualquier significado que pudiera trascender la finitud de nuestras vidas, y llenándonos de miedo cuanto más nos acercamos a ella. El significado de la resurrección de Jesucristo, sin embargo, es que -si es verdad- la muerte no tiene por qué tener la última palabra sobre nuestras vidas. Porque significa que Jesús no solo cargó sobre sus hombros todo nuestro quebrantamiento moral, nuestra culpa y nuestra vergüenza al ser colgado en la cruz, y lo enterró todo en la tumba al morir; también venció a la muerte, no solo metafóricamente, sino literalmente, lo que significa que todos los que ponen su confianza en Él ya no tienen que temer a la muerte.

La maravilla de todo esto, para mí, no es solo la belleza de la historia de un Dios que da su vida por nosotros, y finalmente triunfa sobre nuestro mayor enemigo: la muerte. También es que no hay razón para relegar la historia al reino de los mitos, los cuentos de hadas o las ilusiones. Porque, como hemos visto, es una historia basada en la realidad, enraizada en la vida histórica, la muerte y la resurrección de la persona de Jesucristo, y completamente abierta a la investigación por parte de quienes estén dispuestos a enfrentarse a las pruebas en busca de la verdad.

¿Y qué puede haber mejor que una buena historia sino una historia que además de buena es verdadera?

Conclusión

Un mundo sin alma

Me encanta conocer los diferentes recorridos de fe de la gente. La historia de cada uno es única.

Hace poco leí una fascinante entrevista hecha al columnista del *New York Times* David Brooks sobre su recorrido. Brooks recuerda: "Me crie en un mundo más o menos secular y sus categorías eran mis supuestos". Pero cuando se hizo mayor, con más vivencias en su haber prestó más atención a las muchas personas que tuvo el privilegio de conocer y sobre las que escribió lo siguiente:

> Para mí no tenía sentido que ellos no fueran más que sacos de material genético. Lo único que tenía sentido es que tuvieran *almas*. Que había una parte de ellos que no tenía dimensión material, ni tamaño ni forma pero que a cada uno de ellos les daba una dignidad infinita.

Como explica Brooks, fue comprender esto lo que le ayudó a "abrir los ojos a otro nivel de la vida" y, con el tiempo, su perspectiva cambió. Y añade:

> Pasé de ser claramente un no creyente a alguien que pensaba que creer era bueno para los demás pero sin afectarme a mí en realidad; y después, a darme cada vez más cuenta de que aquello se parecía más a reconocer algo que estaba latente en mí, que en realidad sí creía.

Mirando hacia atrás, a su juventud, concluye: "Mis categorías mentales estaban equivocadas respecto a la realidad tal y como yo la vivía". Dicho de otro modo, sus supuestos seculares o ateos no funcionaban en el mundo real de la gente y de las relaciones. No podían explicar la complejidad y profundidad de la vida humana, ni las texturas y matices del mundo en el que él vivía, llegando a descubrir que el cristianismo sí podía hacerlo.

La fe cristiana da sentido a las cosas que son realmente importantes para el alma humana: sentido y propósito, valor y bondad, verdad y amor, así como a tener esperanza en medio del sufrimiento. Es algo que la posición atea intenta hacer, ya que su principal método de explicación es el reduccionismo, a veces denominado "nada más". ¿Por qué? Porque, en definitiva, reduce las cosas esenciales de nuestra experiencia humana -como el significado y la moral o la amistad y el amor- a "nada más" que física y química, "nada más" que genética y ADN, o "nada más" que cerebro y neuronas funcionando.

El cristianismo da sentido al funcionamiento de la física, de la química, del ADN y del cerebro humano en la vida humana; pero en contraste con el reduccionismo ateo, también sostiene que una vida humana es más que estas cosas. Al igual que el arte es más que pegotes de pintura en un lienzo y la música más que una combinación de sonidos, el cristianismo sostiene que una vida humana es más que la mera suma de sus partes físicas.

Los Nuevos Ateos pueden seguir riéndose de la idea de lo sobrenatural. Su mundo, como afirma despectivamente Daniel Dennett, es un mundo sin "fantasmas". Pero, como hemos visto, también es un mundo sin alma.

¿Cómo explica el ateísmo nuestro innato impulso religioso como seres humanos, nuestra hambre de lo sagrado, de lo espiritual? Según una investigación del Centro de Antropología y Pensamiento de la Universidad de Oxford, el pensamiento humano está intrínsecamente ligado a conceptos religiosos como la existencia de Dios, los agentes sobrenaturales y la posibilidad de una vida después de la muerte. Además, según un artículo de la revista *New Scientist*, muchos estudios de científicos del conocimiento indican que el ateísmo como creencia es en realidad psicológicamente imposible dada la forma en que los seres humanos están programados para pensar. Dicho de otro modo, según la ciencia cognitiva, los ateos no creen realmente lo que dicen creer. Irónicamente, el autor de ese artículo, el Dr. Graham Lawton, es un ateo declarado.

Como dijo el inventor Thomas Edison, "los seres humanos son incurablemente religiosos".

Algunos pensadores ateos han intentado explicar nuestros anhelos espirituales e impulsos religiosos como un mecanismo biológico de supervivencia, es decir, "nada más" que un deseo o impulso provocado por nuestros genes porque estos reconocen que tal impulso aumentará en cierta medida nuestras posibilidades de supervivencia como especie.

Esta explicación, sin embargo, plantea todo tipo de preguntas problemáticas: ¿cómo es posible que nuestros genes, que son una parte de nosotros, sean mucho más inteligentes que todos nosotros juntos, puesto que son capaces de engañarnos para que creamos lo que ellos quieren que creamos, simplemente para sus propios fines de mantener nuestra supervivencia? ¿Son solo los ateos los que pueden ganarles la partida a sus genes sabiendo cuándo estos están tratando de engañarlos? Y si es así, ¿cómo han logrado los ateos tal hazaña mientras que los religiosos han sido incapaces de hacerlo? Y si la respuesta se basa en la razón, ¿cómo pueden los ateos estar seguros de que todas sus conclusiones razonadas son ciertas, si todos nuestros pensamientos están controlados en última instancia por nuestros genes, cuyo motivo principal no es la verdad, sino el éxito evolutivo?

En contraste con el "nada más" del reduccionismo ateo, Lewis razona que "si descubro en mí un deseo que ninguna experiencia en este mundo puede satisfacer, la explicación más probable es que fui hecho para otro mundo".

La historia cristiana de la realidad da sentido a la profundidad y complejidad de la experiencia humana y, sin embargo, basta con coger un libro de escritores de los Nuevos Ateos, como Dennett o Dawkins, para ver cómo arremeten decididamente contra la fe en Dios calificándola de "locura", "ilusoria", "demencial", "irracional" o "desfasada". ¿Por qué? ¿Acaso es porque el ateísmo haya inspirado los mejores pensamientos de la humanidad a lo largo de los siglos? No. ¿Acaso porque han ofrecido al mundo una explicación razonada y basada en pruebas de cómo el ateísmo, por encima de cualquier otro sistema de creencias, está más preparado para responder a las preguntas fundamentales de la vida? ¿O es porque por fin han demostrado que no hay una dimensión espiritual en la realidad? No.

Según el filósofo James K. A. Smith, el verdadero atractivo de los Nuevos Ateos es la oferta de "posición" y "respetabilidad", más que la de "una explicación adecuada". Smith argumenta que la gente "compra" lo que dicen los Nuevos Ateos "no tanto porque el 'sistema' funcione intelectualmente sino más bien porque viene con un atractivo de iluminación y refinamiento". Ofrece *pertenencia*, la oportunidad de estar en el círculo de "los que saben", de los iluminados.

Pero en su intento de hacer distinción entre los iluminados, que basan su vida en la razón, y los equivocados, que basan su vida en la fe, los nuevos ateos no se dan cuenta de que tanto la razón como la fe son esenciales para una vida sana. La cuestión no es creer o no creer en algo. La cuestión es en qué creer y por qué.

De hecho, nuestra razón misma ya es en sí cuestión de fe. Como explica Chesterton: "Es un acto de fe afirmar que nuestros pensamientos tienen alguna relación con la realidad".

Una fe que tiene sentido

Como hemos visto, la fe cristiana no se opone a la razón, ni la razón a la fe cristiana. De hecho, el cristianismo nos da una razón para confiar en nuestro razonamiento que el ateísmo no puede dar. Porque si todo, incluidos nuestros pensamientos, no es más que el producto de determinados procesos naturales aleatorios y sin sentido -como tiende a sugerir el ateísmo-, ¿sobre qué base racional podemos suponer que la realidad es inteligible? Y, ¿en qué nos basamos para suponer que nuestras mentes nos dan cuenta de esa realidad?

Como dijo Einstein: "Lo más incomprensible del mundo es que es comprensible". Pero solo es incomprensible desde una perspectiva atea. Desde la perspectiva cristiana, la inteligibilidad del universo tiene pleno sentido porque hay una inteligencia detrás de todo: un "ordenador" detrás del orden y un diseñador detrás del diseño. Cuando se contempla la realidad desde un punto de vista cristiano, la racionalidad tiene sentido; la disciplina de la ciencia tiene sentido con todos sus descubrimientos científicos; la existencia de lo correcto y de lo incorrecto, del bien y del mal tiene sentido; y la profundidad y complejidad de nuestra experiencia humana tiene sentido, incluidos nuestros anhelos y deseos más profundos.

El cristianismo es una fe que funciona en el mundo real porque da sentido a este mundo real. No hay necesidad de que quienes ponen su fe en Jesucristo anulen simultáneamente su razón, su intelecto o su amor por la ciencia. De hecho, el cristianismo es una convicción eminentemente razonable en el sentido de que da sentido no solo al reino del intelecto y la razón, sino también a todas las demás facultades humanas, incluidas nuestras emociones, intuiciones e imaginación.

Aunque a los Nuevos Ateos les gusta definir la fe cristiana como una especie de imaginación equivocada que roza la locura, Chesterton dice que no es la imaginación lo que causa la locura, sino su carencia. Escribe: "Loco no es el hombre que ha perdido la razón; loco es el hombre que lo ha perdido todo excepto la razón".

El asunto es que la razón es esencial para la cordura, pero no suficiente. También necesitamos la imaginación, porque la razón es una herramienta valiosa, pero no productiva. Es sobre todo un arma de defensa. Pone a prueba las proposiciones, una tras otra, pero hace falta imaginación para llegar a ver todo el panorama, para unir los hilos desiguales en un todo, para captar el significado enterrado bajo la superficie de las cosas.

Me parece fascinante que muchos de los mayores avances del conocimiento científico -los de Copérnico, Newton, Pasteur, Einstein- hayan sido fruto de grandes saltos imaginativos. Este aspecto de la ciencia quedó plasmado en la famosa frase del propio Einstein: "Soy lo bastante artista como para recurrir libremente a mi imaginación". La imaginación es más importante que el conocimiento. El conocimiento es limitado. La imaginación abarca el mundo".

Permíteme que te pregunte, querido lector: ¿está fuera del alcance de tu imaginación que, detrás de todo lo que puedes ver con tus ojos, haya un Dios que te hizo, que te ama y que anhela que conozcas y experimentes su gracia, su actuación en tu vida, en tus pensamientos, en tus sentimientos y en tu corazón?

No sé si alguna vez te has parado a pensar por qué nos importan las cosas de las que hemos estado hablando primero en este libro -sentido, valor, bondad, verdad, amor, sufrimiento y esperanza- o lo improbable o antinatural que sería que nos importara la cuestión de Dios o de la vida después de la muerte, si realmente no hubiera Dios ni vida después de la muerte.

Según la Biblia, Dios "ha puesto eternidad" en el corazón de los hombres (Eclesiastés 3:11). Como observa el rey Salomón, se trata de un anhelo profundo del alma que puede ser aplastado o ignorado, pero nunca del todo eludido por los amoríos, la riqueza, la fama, el placer o el éxito. Es como un faro interno, débil pero permanente, fácilmente apagado por los ruidos de la competencia, pero que siempre está ahí en el fondo, esperando a que escuchemos, llamándonos a casa.

Vemos esta dimensión de la condición humana brillantemente iluminada en una de las grandes obras de la literatura, las *Confesiones* de San Agustín, la primera autobiografía de la historia. En ella, conocemos el viaje del precoz joven Agustín desde la creencia en el Dios de la Biblia al rechazo de su fe de infancia y la búsqueda de satisfacción en el placer y el éxito; desde un lugar de éxito y logros adultos hasta una búsqueda filosófica de respuestas a las preguntas más profundas de la vida y, por último, desde una posición de profundo cuestionamiento filosófico de vuelta a la fe cristiana, pero esta vez, una fe probada en el crisol de la razón y la experiencia.

En la frase más famosa de su libro, Agustín ilustra de manera memorable el predicamento humano de la siguiente manera: "Nos has hecho para ti, Señor, y nuestro corazón está inquieto hasta que descanse en ti".

Desahucio y hogar

El desasosiego, esa sensación de no sentirse nunca a gusto en el mundo, es un tema con el que casi todos los habitantes del planeta pueden identificarse, sobre todo en Occidente, donde nuestras vidas se caracterizan a menudo por el ajetreo, la inestabilidad y el cambio.

El periodista Malcolm Muggeridge, que llegó tardíamente a la fe cristiana, afirma:

Lo primero que recuerdo del mundo -y ojalá que sea lo último- es que era un extraño en él. Este sentimiento, que todos tenemos en cierta medida y que es a la vez la gloria y la desolación del *homo sapiens*, constituye el único hilo de coherencia que encuentro en mi vida.

Chesterton, expresando el mismo sentimiento, escribe en un poema titulado "La casa de Navidad": "Sienten los hombres añoranza en su propio hogar / Y son extraños bajo el sol". Pero, al igual que Agustín y Muggeridge, el sentimiento no lleva a Chesterton a la desesperación, pues reconoce que existe un hogar para el alma humana, aunque no se encuentre en ningún lugar concreto.

Como reza el resto del poema:

Sienten los hombres añoranza en su propio hogar,
Y son extraños bajo el sol…
Aunque nuestro hogar está bajo cielos milagrosos
Allí comenzó el cuento de Navidad.
Hay un niño en un establo miserable,

Donde comen y babean las bestias;
Donde para él no hubo refugio
Tú y yo encontramos el hogar;
Nuestras manos trabajan, nuestras mentes conocen,
Pero perdimos el corazón -¡hace tanto ya!
Allí, donde ni mapa ni barco pueden mostrar
Bajo la bóveda celeste…

A una casa abierta en la noche
Volverán los hombres a su hogar,
Lugar más antiguo que el Edén
Ciudad mayor que Roma
Donde se paró la estrella fugaz,
Donde lo imposible es posible,
Donde desahuciaron a Dios
Allí encuentran todos su hogar.

Jesucristo, el Hijo de Dios, dejó su hogar en el cielo para llevarnos a casa con él. Agustín se pregunta: "¿Podría Dios haber hecho algo mejor o más generoso que, por la verdadera sabiduría eterna e inmutable del mismo Dios… acceder a tomar forma humana?".

Nació en un miserable establo de una campesina judía. Se crio en una oscura aldea del límite oriental del Imperio romano. Trabajó como carpintero para mantener a su madre y a sus hermanos pequeños. Con el tiempo, comenzó su ministerio de enseñanza, sanidad y proclamación de la buena nueva de que la vida en el reino de Dios estaba disponible para todos. Sus bienes eran escasos y no tenía casa -ni siquiera un lugar donde reposar la cabeza. Viajaba a pie, ministrando de pueblo en pueblo. Sus seguidores eran gente sencilla y corriente, sobre todo pescadores o gente parecida. Fue amigo de prostitutas y publicanos, y sanaba a leprosos y marginados.

Escandalizó a los líderes religiosos de su época cenando con pecadores y concediéndoles el perdón de los pecados. Así que lo tentaron, tergiversaron sus enseñanzas y trataron de desacreditarle con todas sus fuerzas. Casi todos los poderosos lo consideraban molesto y peligroso. Aunque algunos, arriesgando su reputación, depositaron en él su esperanza y su confianza.

Pero al final fue arrestado y todos sus seguidores huyeron. Fue juzgado como un criminal y, aunque el gobernador romano, Poncio Pilato, reconoció que era un hombre inocente, fue condenado a ser azotado y clavado en una cruz hasta morir.

No protestó, ni maldijo, mientras le escupían en la cara y le arrancaban la barba, le laceraban la espalda y le coronaban la cabeza de espinas. Mientras le clavaban los crueles clavos en las manos y los pies, y mientras levantaban la cruz hacia el cielo, gritó: "Padre, perdónalos, porque no saben lo que hacen" (Lucas 23:34).

Con todo, su muerte no fue una tragedia, sino una victoria. No frustró su misión, sino que la consumó. Porque, habiendo asumido nuestra naturaleza como ser humano, Jesús asumió también en la cruz toda nuestra culpa y vergüenza y cargó con el castigo de todos nuestros pecados.

Y cuando todo estuvo cumplido y pagado, Jesús gritó: "Consumado es". Y murió. Por nosotros.

El centro de la fe cristiana no es un conjunto de creencias solamente, sino un acontecimiento: la crucifixión de Jesucristo, el Hijo de Dios. Un acontecimiento histórico, con repercusiones cósmicas. Un acontecimiento impensable a la luz de nuestras pretensiones autosuficientes, pero que habla de nuestras ansias y temores más profundos. Un acontecimiento que nos devuelve la humildad y, con ella, la esperanza.

La Biblia dice: "Tanto amó Dios al mundo que dio a su Hijo unigénito, para que todo el que cree en él no se pierda, sino que tenga vida eterna" (Juan 3:16, NVI).

¿No es maravilloso pensar que Dios ama tanto al mundo, que a ti te ama tanto?

Dios te ama. La Biblia es cien por cien clara sobre el hecho de que envió a su Hijo al mundo para rescatar a las personas hechas polvo -eso nos incluye a ti y a mí- y nos invita a reconciliarnos con él en lo más profundo de nuestros corazones. A volver a él. A volver al hogar.

Pero nunca nos forzará. ¿Por qué? Porque eso nos privaría precisamente del bien que quiere para nosotros, que es restaurar a la *Vida* nuestros corazones espiritualmente muertos. "Yo he venido para que tengan vida -dijo Jesús- y la tengan en abundancia" (Juan 10:10). Pero no se puede dar vida por la fuerza a un corazón espiritualmente muerto.

Recuerda la cita de San Agustín: "Nos has hecho para ti, Señor, y nuestro corazón está inquieto hasta que descanse en ti". Si Cristo tratara de hacernos venir a él por la fuerza, nuestros corazones seguirían inquietos porque no estaríamos descansando, estaríamos resistiéndonos.

Reinos enfrentados

La Vida a la que Cristo nos llama se encuentra en una relación viva, relacional, libremente otorgada y libremente recibida, con Dios y su Reino. (La Biblia dice: "Y esta es la vida eterna: que te conozcan a ti, el único Dios verdadero, y a Jesucristo, a quien tú has enviado" Juan 17:3, NVI.) Pero no podemos experimentar esa Vida a menos que estemos dispuestos a recibir a Cristo y a entrar en el reino de Dios, y no podemos entrar en el reino de Dios a menos que estemos dispuestos a abandonar nuestro propio reino.

Y eso es a la vez lo más fácil y lo más difícil del mundo para nosotros.

Porque el reino de Dios, como dice Dallas Willard, es el ámbito de su voluntad efectiva, donde se hace lo que Él quiere que se haga, mientras que nuestro reino es el ámbito de nuestra voluntad efectiva, donde se hace lo que nosotros queremos que se haga.

Nuestros reinos empiezan siendo pequeños. Para nuestra primera hija, Grace, todo empezó con el descubrimiento de su dedo índice derecho. Tenía unos cinco o seis meses, y este increíble descubrimiento la fascinó durante días. Podía sostenerlo delante de la cara y doblarlo si quería, o enderezarlo, si quería. Lo embriagador para ella era que era algo que *ella* podía controlar, dirigir, decidir. Porque era *su* dedo.

Con el tiempo, descubrió también sus otros dedos, seguidos de las piernas y la voz, y cada vez que tomaba esas primeras decisiones sobre lo que iba a hcer con las manos, los pies y la voz, mi hija se daba cuenta de que podía hacer lo que se le antojaba. Mi mujer y yo nos decíamos: "¡Mira lo que ha hecho!". O, "¿Has oído lo que acaba de decir?".

Apreciábamos y valorábamos mucho su creatividad y personalidad. ¿Por qué? Porque eso es lo que la convierte en algo más que una cosa. La gloria de los seres humanos es que tenemos la capacidad de tomar decisiones propias. Es parte de lo que significa estar hecho a imagen de Dios: que no actuamos por puro instinto animal, impulso biológico o por fatalidad. Como seres humanos, cada vez que tomamos una decisión tenemos la capacidad de crear o aportar algo nuevo a este universo. Porque es desde nuestro corazón o voluntad que tomamos nuestras decisiones. Y es desde nuestro corazón desde donde decidimos lo más importante de todo: lo que amamos.

Desde la perspectiva bíblica, lo que más define tu destino es lo que decides amar por encima de todo, porque sobre eso se construye tu reino. Cuando somos niños, no tardamos mucho en descubrir que tenemos un reino. Puede empezar con un solo dedo, pero con los años ese reino crece.

Por ejemplo, ¿cuáles son las palabras favoritas de un niño de dos años? "No" y "mío". Son palabras importantes. Palabras de su reino. Palabras que definen el ámbito donde lo que decimos va afirmando nuestra voluntad.

Nuestra capacidad de decidir es preciosa pero también es un problema, porque nuestra voluntad no es la única realidad del universo. ¿Qué ocurre cuando nuestra voluntad se topa con algo que no quiere cooperar, como un juguete al que se le acaban las pilas? ¿O con *alguien* que no quiere cooperar, como un hermano o una hermana?

¿Has crecido con un hermano? Si es así, ¿recuerdas lo primero que suelen hacer dos niños cuando suben al asiento trasero del coche de sus padres? Trazan una línea en medio y se dicen: "Este es mi sitio". Están aprendiendo cuál es su territorio. ¿Y qué ocurre después? Empiezan a cruzar la línea, invaden el territorio del otro, discuten y se pelean. Y entonces papá, que está conduciendo el coche, se enfada porque, naturalmente, también piensa que el vehículo es su territorio.

Y ahí, en el microcosmos del coche, tenemos una imagen de nuestro problema: nuestros pequeños reinos, al intentar expandirlos, entran en colisión con obstáculos que se interponen en nuestro camino, incluidos otros pequeños reinos. ¿Y entonces qué tenemos? Reinos enfrentados.

Gran Bretaña solía ser un lugar de reinos enfrentados, como atestiguan los numerosos castillos y fortalezas esparcidos por todo el país. Afortunadamente, eso es cosa del pasado y ahora las cosas están relativamente en orden y en paz. Pero si rascamos un poco bajo la superficie, pronto veremos que nuestra sociedad civilizada es una fina capa sobre voluntades ferozmente enfrentadas.

¿Te has dado cuenta de que los periódicos están todos los días llenos de enfrentamientos, violencia, cotilleos y amarguras? Siempre. Podríamos pensar que, quizás una o dos veces al año, debería haber un día en el que los periódicos no tuvieran nada malo que contar. Pero, hasta aquí, ese día no ha llegado y, con toda seguridad, nunca llegará.

Vivimos en un mundo de reinos enfrentados. Esa es la condición humana. Por eso todos hemos sido dañados por otras personas, igual que nosotros hemos hecho daño a otros. Así son las cosas. Así somos.

En cierto modo, todos somos como barcos que intentan navegar por la vida compartiendo el mismo océano. Nos encantaría poder navegar de cualquier manera, a cualquier sitio, con quien nos parezca y cuando nos dé la gana. Nuestro objetivo es perseguir lo que creemos que nos hace felices: ya sea el *placer* (encontrar nuestra propia isla paradisíaca), la *fama* (ser reconocidos allá donde vayamos: "¡Vaya, ahí va el HMS[9] *Celebrity*!"), *relaciones* (estar con los barcos guais), *posición* (ser reconocidos como un barco importante), *poder* (que captura y domina a otros barcos), *riqueza* (convertirnos en un barco comercial o que busca tesoros en el fondo del mar) o belleza (ser el barco más bonito: "¡Vaya, mira qué curvas tienen esas velas!"). Puedes hacerte una idea.

Como los barcos, zarpamos hacia lo que amamos, hacia lo que valoramos como un bien supremo. Pero el problema es doble: en primer lugar, el océano de la vida no siempre es predecible. A veces se navega sin sobresaltos, pero a veces no. Otras veces, el viento y las olas amenazan con hundirnos. En segundo lugar, hay muchos otros barcos en el mar, y ellos también tienen sus catalejos puestos en las cosas que quieren. Y a veces, lo que otros navegantes persiguen se cruza en nuestro camino porque todos queremos lo mismo.

Y cuando eso ocurre, ¿qué hacemos? O sacamos los cañones y atacamos al otro barco, o agarramos el timón y nos retiramos para evitar la colisión. Estas dos reacciones -ataque y retirada- suelen caracterizar las relaciones humanas.

Atacamos a las personas cuando deliberadamente intentamos dañarlas, dominarlas, intimidarla o debilitarlas, ya sea física o verbalmente; y nos alejamos de las personas cuando nos distanciamos de ellas. Las castigamos con el silencio o, literalmente, las abandonamos.

Estas pequeñas batallas se libran a diario entre personas que trabajan en la misma empresa o en la misma organización benéfica, entre jugadores de un mismo equipo deportivo o entre personas que comparten vivienda. Entre personas que deberían ser hermanos y hermanas, entre esposos y esposas, entre padres e hijos.

Y esta es una de las razones por las que nuestras vidas se ven dominadas por el estrés y la ansiedad: nos debatimos entre las emociones contrapuestas del miedo y el deseo. Deseamos aquellas cosas del océano de la vida que queremos y que

---

9 "*His/Her Majesty's Ship*" (Buque de Su Majestad).

creemos que nos harán felices. Pero tememos todo lo que pueda hundir nuestro barco si nos adentramos en el océano para conseguirlas. Tememos a los otros barcos en el mar y lo que pueden hacernos, y tememos la realidad de las circunstancias inciertas de la vida en alta mar: tormentas, corrientes, icebergs... los peligros imprevisibles de la vida real.

Pero seguramente las cosas no tenían por qué ser así.

La aventura de la fe

León Tolstoi, quizás el novelista más grande del mundo, diagnostica el problema de la siguiente manera. Observa que cada persona es un egoísta natural, que ve el mundo como si fuera una novela en la que él o ella es el héroe o la heroína, pero la "vida verdaderamente buena" comienza cuando la persona puede ver el mundo como si fuera un personaje secundario en la novela de otra persona.

La Biblia se hace eco de este sentimiento. Dice que nuestro destino no era vivir con miedo en nuestro pequeño reino, en nuestro pequeño barco, en nuestra pequeña historia. Dice que nuestro destino es vivir una historia mucho más grande. En un reino mucho más grande. En el reino de Dios. En la historia de Dios.

Dicho de otro modo, tienes que darte cuenta en la vida que no se trata de ti.

¡Se trata de mí! Bueno, es broma. La Biblia dice que no se trata de ti ni de mí; se trata de Dios. Este mundo es su mundo. Él lo hizo. Lo ama. Es suyo. Y nosotros lo hemos hecho un desastre. Un verdadero desastre. Somos rebeldes levantando nuestros castillitos en territorio ajeno. Y los castillos que pensamos que nos hacen libres en realidad se convierten en nuestras propias celdas de soledad, que es la mejor descripción del infierno.

¿Qué ocurre, pues, cuando decides dejar de vivir para ti mismo como el protagonista de la historia y empiezas a vivir para Dios, como parte de su historia en la que el protagonista es él? Bueno, más o menos es así. En vez de vivir atacando a otros barcos con tus cañones o navegando hacia alguna cala solitaria, esperando que nadie, ni siquiera el viento o las olas, te molesten, oyes una voz. Es la voz de Jesús. Te dice lo siguiente: "¡Sal de la barca! Sal de tu barquita, de todos modos, está flotando en mi océano. Sal de la barca, pon tu mano en la mía y te enseñaré a caminar sobre las aguas. Cómo vivir una vida sobrenatural de amor en la que, para mantenerte a flote, dependas totalmente de mí. Es una vida de fe y libertad, de riesgo y aventura, pero no hay lugar más seguro en el mundo donde estar".

Como ya he dicho, es lo más fácil y lo más difícil del mundo. Es lo más difícil de hacer porque tienes que rendirte, del todo, a Jesús y confiar en que él sabe más que tú. Pero también es la cosa más fácil de hacer porque todo lo que tienes que hacer es *rendirte*. Dejarte llevar. Deja que Cristo sea quien dirija y administre tu vida. Lewis escribe:

Lo terrible, lo casi imposible, es entregar todo tu ser -todos tus deseos y precauciones- a Cristo. Pero es mucho más fácil de lo que nos parece. Porque lo que intentamos es seguir siendo lo que llamamos "nosotros mismos", mantener la felicidad personal como nuestro gran objetivo vital y al mismo tiempo ser "buenos". Todos intentamos dejar que nuestra mente y nuestro corazón siga su camino -centrados en el dinero, en el placer o en la ambición- esperando, a pesar de ello, comportarnos honesta, castamente y con humildad.

Y eso es exactamente lo que Cristo nos advirtió que no podíamos hacer. Como Él dijo, un espino no puede producir higos. Si yo soy un campo solo de hierba, no puedo producir trigo. Cortar la hierba puede mantenerla corta: pero seguiré produciendo hierba y no trigo. Si quiero producir trigo, el cambio debe profundizar más allá de la superficie. Tengo que arar y volver a sembrar.

Dejar tu pequeño reino donde tú mandas y entrar en el reino de Dios donde él manda da miedo. Pero merece la pena. Y es que conocer a Jesús es lo mejor del mundo, simplemente porque Él mismo es lo mejor del mundo: la fuente y el centro de todo lo que es bueno, bello y verdadero. El verdadero hogar de tu corazón.

Al acercarnos al final de este libro, no puedo evitar terminar con una especie de mensaje personal para ti, lector. No creo que este libro haya llegado a tus manos por casualidad. Y ciertamente espero que te haya ayudado a ver que la fe cristiana tiene sentido -tanto para la mente como para el corazón- y que confiar en Jesucristo es la opción más sensata, racional y maravillosa que existe. Pero tampoco me sentiría satisfecho, por tu bien, si eso fuera todo. Es decir, si tu camino hacia la fe cristiana solo llegara hasta el reconocimiento cognitivo de ciertas verdades. Porque, al fin y al cabo, seguir a Jesús es algo que haces. Es una aventura de fe. Da miedo, desde luego. Pero es una fe perfectamente razonable.

Normalmente, y de forma natural, esta aventura de fe comienza hablando con Dios (eso es la oración) y diciéndole que quieres seguirle; que te arrepientes de haber vivido la vida sin él; que estás agradecido por todo lo que Jesús ha hecho por ti por medio de su muerte y resurrección; que aceptas su invitación al perdón y a una nueva vida en relación con él y que ya no vives para tu reino, sino que vives para el suyo.

Y así comienza la aventura… Cada día aprendiendo a vivir del Creador de la vida. Aprendiendo del que realmente sabe lo que debe ser la vida y cómo vivirla bien. Aprendiendo a buscar en Él mi sentido y mi propósito, sabiendo que sus planes para mí son buenos. Aprender a valorarme no por lo que hago, sino por quién soy y de quién soy. Aprendiendo a confiar no en mi propia bondad, sino en la suya, y a recurrir a su gracia para que me ayude a vivir según la vida para la que he sido hecho. Aprender a estar en silencio y escuchar su voz, su guía, su visión de la verdad y de lo que realmente importa. Aprender a amar no solo a los que son amables, sino también a los que me parecen antipáticos e indignos de ser amados. Como Cristo me amó a mí. Y aprender a confiar en Él incluso en momentos de sufrimiento y dolor, sabiendo que Él me comprende y está conmigo, y que nunca me abandonará.

Mi esperanza y mi oración para ti es que tú también conozcas y experimentes esta vida de aventura y amor que viene a través de la fe en Jesucristo, si es que aún no lo has hecho. Que tú también llegues a saber, en lo más profundo de tu corazón, que tu vida importa. Que no estás aquí por accidente, sino con un propósito, porque Dios quería que estuvieras aquí. Y que Él quiere la mejor vida posible para ti, no solo para esta vida, sino para la vida eterna.

Bibliografía

Ahbel-Rappe, S. y Kamtekar, R. (eds) (2009). *A Companion to Socrates.* Oxford: Wiley-Blackwell.

Alexander, B. y Young, L. (2012). *The Chemistry Between Us: Love, sex and the science of attraction.* London: Current.

Alston, W. P. (2002). 'What Euthyphro should have said', en William Lane Craig (ed.), *Philosophy of Religion: A reader and guide.* Edinburgh: Edinburgh University Press.

Andrews, E. (2012). *Who Made God?* Darlington: EP Books. Ariely, D. (2012). *The (Honest) Truth about Dishonesty.* New York: HarperCollins.

Beauvoir, S. de (1949). *The Second Sex.* London: Penguin.

Ben-Shahar, Tal (2008). *Happier.* New York: McGraw-Hill.

Botton, A. de (2005). *Status Anxiety.* London: Penguin.

Brian, D. (1996). *Einstein: A life.* New York: Wiley.

Carson, D. A. (2012). *The Intolerance of Tolerance.* Grand Rapids, MI: Eerdmans.

Chesterton, G. K. (1901). *The Defendant.* London: R. Brimley Johnson.

Chesterton, G. K. (2007). *The Everlasting Man.* Mineola, NY: Dover.

Chesterton, G. K. (1996). *Orthodoxy.* London: Hodder & Stoughton.

Chesterton, G. K. (1943). *St Thomas Aquinas.* London: Hodder & Stoughton.

Darwin, C., Barrett, P. H. y Freeman, R. B. (1992). *The Works of Charles Darwin, Vol. 16: The Origin of Species, 1876.* London: Routledge.

Dawkins, R. (2001). *River Out of Eden.* London: Phoenix.

Dawkins, R. (2016). *The God Delusion.* London: Black Swan. Davies, P. (1987). *The Cosmic Blueprint.* London: Heinemann.

D'Costa, G. (1996). *Resurrection Reconsidered.* Oxford: Oneworld Publications.

Dickson, J. (2008). *A Spectator's Guide to World Religions.* Oxford: Lion Hudson.

Dickson, J. (2019). *Is Jesus History?* Epsom: Good Book Company.

Doyle, A. C. (1994). *The Sign of Four.* New York: Quality Paperback Book Club.

Dworkin, R. (2011). *Justice for Hedgehogs.* Cambridge, MA: Belknap Press of Harvard University Press.

Ehrman, B. (2012). *The New Testament.* Oxford: Oxford University Press.

Einstein, A. and Harris, A. (1935). *The World as I See It.* London: John Lane.

Eldredge, J. (2001). *Wild at Heart: Discovering the secret of a man's soul.* Nashville, TN: Thomas Nelson.

Exell, J. (1886). *The Biblical Illustrator.* London: Fleming H. Revell Company.

Ferry, L. (2011). *A Brief History of Thought.* New York: Harper Perennial.

Finnis, J. (2011). *Natural Law and Natural Rights.* Oxford: Oxford University Press.

Frankl, V. (2004). *Man's Search for Meaning.* London: Ebury.

Gray, J. (2002). *Straw Dogs: Thoughts on humans and other animals.* London: Granta.

Greenleaf, S. (1847). *An examination of the testimony of the four evangelists by the rules of evidence administered in courts of justice [electronic resource]: With an account of the trial of Jesus.* (2ª edición, revisada y aumentada por el autor ed., Making of modern law, London: A. Maxwell).

Grimm, R. (ed.) (2002). *Notable American Philanthropists.* London: Greenwood Press.

Gumbel, N. (2003). *Alpha Questions of Life: An opportunity to explore the meaning of life.* Colorado Springs, CO: Cook Communications Ministries.

Habermas, G. R. and Licona, M. R. (2004). *The Case for the Resurrection of Jesus.* Grand Rapids, MI: Kregel Publications.

Haldane J. B. S. (1965). 'Data needed for a blueprint of the first organism', en S. W. Fox (ed.) *The Origins of Prebiological Systems and their Molecular Matrices.* New York: Academic Press, p. 11.

Hardenberg, F. von (1888). *Hymns and Thoughts on Religion by Novalis,* Hastie, W. (trans.). Edinburgh: T. & T. Clark.

Harris, S. (2010). *The Moral Landscape: How science can determine human values.* London: Bantam.

Holland, T. (2020). *Dominion: The making of the Western mind.* London: Abacus.

Hume, D. and Buckle, S. (2007). *An Enquiry Concerning Human Understanding and Other Writings.* (Cambridge Texts in the History of Philosophy). Cambridge: Cambridge University Press.

Huxley, A. (1937). *Ends and Means.* London: Harper & Brothers Publishers.

Jami, C. (2015). *Killosophy.* Scotts Valley, CA: CreateSpace.

Kreeft, P. (1988). *Fundamentals of the Faith: Essays in Christian apologetics.* San Francisco, CA: Ignatius Press.

Lasch, C. y Lasch-Quinn, E. (1997). *Women and the Common Life: Love, marriage, and feminism.* New York: W. W. Norton.

Lecky, W. (1930). *History of European Morals from Augustus to Charlemagne.* London: Watts & Co.

Lennox, J. (2009). *God's Undertaker: Has Science Buried God?* Oxford: Lion.

Lennox, J. (2011). *Gunning for God: Why the New Atheists are missing the target.* Oxford: Lion.

Lévi-Strauss, C. (1968). *Structural Anthropology.* London: Allen Lane.

Lewis, C. S. (1972). *God in the Dock.* Grand Rapids, MI: William B. Eerdmans. Extractos citados con permiso. *God in the Dock* por C. S. Lewis © CS Lewis Pte Ltd 1970.

Lewis, C. S. (1940). *The Problem of Pain*. London: Geoffrey Bles. Extractos citados con permiso. *The Problem of Pain* by C. S. Lewis © CS Lewis Pte Ltd 1940.

Lewis, C. S. (1955). *Surprised by Joy*. London: Geoffrey Bles. Extractos citados con permiso. *Surprised by Joy* by C. S. Lewis © CS Lewis Pte Ltd 1955.

Lewis, C. S. (2011). *Mere Christianity*. New York: HarperCollins. Extractos citados con permiso. *Mere Christianity* by C. S. Lewis © CS Lewis Pte Ltd 1942, 1943, 1944, 1952.

Lewis, C. y Hooper, W. (1980). *The Weight of Glory, and Other Addresses*. New York: Macmillan. Extractos citados con permiso. *The Weight of Glory* by C. S. Lewis © CS Lewis Pte Ltd 1949.

Lippmann, W. (2008). *Liberty and the News*. Princeton, NJ: Princeton University Press.

Lloyd-Jones, S. (2007). *The Jesus Storybook Bible*. Grand Rapids, MI: Zondervan.

Mackie, J. L. (1982). *The Miracle of Theism*. Oxford: Clarendon Press.

Martínez, P. y Sims, A. (2018). *Mad or God?* London: IVP.

McGrath, A. (2020). *Through a Glass Darkly: Journeys through science, faith and doubt*. London: Hodder & Stoughton.

Morgan, D. (2010). *The SPCK Introduction to Karl Barth*. London: SPCK.

Morison, F. (1983). *Who Moved the Stone?* Bromley: STL.

Montgomery, J. W. (2016). *Fighting the Good Fight*. Orlando, FL: Wipf & Stock.

Muggeridge, M. and Hunter, I. (1998). *The Very Best of Malcolm Muggeridge*. London: Hodder & Stoughton.

Nagel, T. (1997). *The Last Word*. Oxford: Oxford University Press.

Newbigin, L. (2014). *The Gospel in a Pluralist Society*. London: editorial ¿?

Nietzsche, F. (1911). *Twilight of the Idols*. New York: Macmillan.

Paley, W. (2009). *Natural Theology*. Cambridge: Cambridge Library Collection.

Pascal, B. (2003). *The Mind on Fire: A faith for the skeptical and indifferent; from the writings of Blaise Pascal*, J. M. Houston (abr. And ed.). Vancouver: Regent College Publishing.

Pascal, B. (2008). *Human Happiness*. London: Penguin.

Plato (Traducción, Desmond Lee, 2007). *The Republic*. London: Penguin Classics.

Ruse, M. and Mayr, E. (1982). *Darwinism Defended: A guide to the evolution controversies*. London: Addison-Wesley.

Russell, B. (1923). *A Free Man's Worship*. Portland, ME: T. B. Mosher.

Russell, B. (1976). *Mysticism and Logic*. Abingdon: Routledge.

Sartre, J., y Mairet, P. (1973). *Existentialism and Humanism*. London: Eyre Methuen.

Scruton, R. (1994). *Modern Philosophy*. London: Penguin.

Scruton, R. (2014). *The Soul of the World*. Princeton, NJ: Princeton University Press.

Sheed, F. J. (1984). *The Confessions of St Augustine*. London: Sheed & Ward.

Skinner, B. F. (1974). *About Behaviorism*. New York: Vintage.

Smith, J. K. A. (2019). *On the Road with Saint Augustine*. Grand Rapid, MI: Brazos Press.

Solzhenitsyn, A. (1972). '*One Word of Truth . . .': The Nobel speech on literature 1970*. London: Bodley Head.

Strobel, L. (2016). *The Case for Christ*. Grand Rapids, MI: Zondervan.

Swinburne, R. (2003). *The Resurrection of God Incarnate*. Oxford: Oxford University Press.

Tolkien, J. R. R. (2012). *Lord of the Rings*. Boston, MA: Mariner.

Vermès, G. (2008). *The Resurrection*. London: Penguin.

Warner-Wallace, J. *Cold-Case Christianity*. Colorado Springs, CO: David C. Cook.

Wicks, R. (2014). *Kant: A complete introduction*. London: Hodder & Stoughton.

Willard, D. (2014). *The Allure of Gentleness: Defending the faith in the manner of Jesus*. San Francisco, CA: HarperOne.

Willard, D. (2014). *The Divine Conspiracy: Rediscovering our hidden life in God*. London: William Collins.

Willard, D. (2018). *The Disappearance of Moral Knowledge*. New York: Taylor & Francis.

Wolterstorff, N. (1987). *Lament for a Son*. Grand Rapids, MI: William B. Eerdmans.

Wright, J. (2009). *Hume's 'A Treatise of Human Nature': An introduction*. (Cambridge Introductions to Key Philosophical Texts). Cambridge: Cambridge University Press.

Yancey, P. (2010) *What Good Is God?* London: Hodder & Stoughton.

Otras fuentes impresas y online

Adams, C. (2000). 'Leading nanoscientist builds big faith', *Baptist Standard*, 15 marzo.

Al-Khalili, J. (2012). 'What is love? Five theories on the greatest emotion of all', *The Guardian*, 13 diciembre.

Ananthaswamy, A. (2012). 'Is the universe fine-tuned for life?', *Nova*, 7 marzo (disponible online en: <https://pbs.org/wgbh/nova/article/ is-the-universe-fine-tuned-for-life>, consultado diciembre 2020).

Associated Press, The (1994). 'A Stradivarius lost 27 years ago now brings tug of war', *New York Times*, 23 octubre (disponible online en: <www.nytimes.com/1994/10/23/us/a-stradivarius-lost-27-years- now-brings-tug-of-war.html>, consultado en diciembre 2020).

Atheist bus campaign (disponible online en: <https://humanism.org.uk/ campaigns/successful-campaigns/atheist-bus-campaign>, consultado diciembre 2020).

BBC News (2000). 'What they said: Genome in quotes', *BBC News*, 26 junio (disponible online en: <http://news.bbc.co.uk/1/hi/sci/ tech/807126.stm>, consultado 11 diciembre 2020).

Bort, J. (2016). "'I've never felt more isolated": The man who sold Minecraft to Microsoft for $2.5 billion reveals the empty side of success', *The Independent*, 29 septiembre (disponible online en: <www.independent.co.uk/life-style/gadgets-and-tech/i-ve-never- felt-more-isolated-man-who-sold-minecraft-microsoft-2-5-billion- reveals-empty-side-success-a7329146.html>, consultado diciembre 2020).

Brodwin, E. (2016). 'What psychology actually says about the tragically social media-obsessed society in "Black Mirror", *Business Insider*, 26 octubre (disponible online en: <http://static1. businessinsider.com/psychology-black-mirror-nosedive-social- media-2016-10>, consultado diciembre 2020).

Brooks, D. (2014). 'What suffering does', *New York Times*, 7 abril (disponible online en: <www.nytimes.com/2014/04/08/opinion/ brooks-what-suffering-does.html>, consultado diciembre 2020).

Chesterton, G. K. (2008). 'The house of Christmas', *The Chesterton Review*, 34(3), pp. 475–476.

Craig, N. y Snook, S. A. (2014). 'From purpose to impact', *Harvard Business Review*, May (disponible online en: <https://hbr. org/2014/05/from-purpose-to-impact>, consultado diciembre 2020).

Craig, W. L. (2006). 'Is there historical evidence for the resurrection of Jesus?', The Craig v. Ehrman Debate, March (disponible online en: <https://reasonablefaith. org/media/debates/   is-there-historical-evidence-for-the-resurrection-of-jes-us-the- craig-ehrman>, consultado diciembre 2020).

Davies, P. (2007). 'Yes, the universe looks like a fix. But that doesn't mean that a god fixed it', *The Guardian*, 26 junio (disponible online en: <https://theguardian.com/ commentisfree/2007/jun/26/ spaceexploration.comment>, consultado diciembre 2020).

Donnelly, L. y Scott, P. (2017). 'Mental health crisis among children as selfie culture sees cases of anxiety rise by 42 per cent in five years, NHS figures show', *The Telegraph*, 22 enero (disponible online en: <https://www.telegraph.co.uk/health-fitness/mind/ mental-health-crisis-among-children-selfie-culture-sees-cases>, consultado diciembre 2020).

Eames, T. (2013). 'Nicole Kidman: "Oscar win showed me the emptiness of my life"', *Digital Spy*, 20 noviembre (disponible online en: <www.digitalspy.com/movies/ a532637/nicole-kidman-oscar- win-showed-me-the-emptiness-of-my-life>, consultado diciembre 2020).

Einstein, A. (1936). 'Physics and reality' in *Journal of the Franklin Institute*, 221(3), pp. 349–82.

Fry, S. 'How can I be happy?' (disponible online en: <https:// youtu.be/Tvz0mmF6 NW4>, consultado diciembre 2020).

Gibbs, N. (2017). 'When a president can't be taken at his word', *Time Magazine*, 3 April (disponible online en: <https:// time.com/4710615/donald-trump-truth-falsehoods>, consultado diciembre 2020).

Habermas, G. (2004). 'My pilgrimage from atheism to theism: a discussion between Antony Flew and Gary Habermas', *Philosophia Christi*, 6(2) (disponible online en: <https://digitalcommons.liberty. edu/cgi/viewcontent.cgi?article=1336&context= lts_fac_pubs>, consultado diciembre 2020).

Halliday, N. (2012). 'Damien Hirst', *Third Way Magazine*, May (disponible online en: <https://thirdway.hymnsam.co.uk/editions/ may-2012-/reviews/damien-hirst. aspx>, consultado diciembre 2020).

Harris, S. (2011). 'Toward a science of morality', *Huffington Post*, 7 Junio (disponible online en: <https://www.huffpost.com/entry/a- science-of-morality_b_567185?-guccounter=1>, consultado diciembre 2020).

Holland, T. (2019). 'We swim in Christian waters', *Church Times*, 27 septiembre (disponible online en: <www.churchtimes.co.uk/ articles/2019/27-september/features/features/tom-holland-   interview-we-swim-in-christian-waters>,   consultado diciembre 2020).

Hoyle, F. (1981). 'The universe: past and present reflections', *Engineering and Science*, 45(2), noviembre (disponible online en: <http://calteches.library.caltech. edu/527/2/Hoyle.pdf>, consultado diciembre 2020).

Lawton, G. (2019). 'Why almost everyone believes in an afterlife – even atheists', *NewScientist*, 20 noviembre (disponible online en: <https://newscientist.com/article/ mg24432570-500-   why-almost-everyone-believes-in-an-afterlife-even-atheists/ #ixzz6g7zE2AzO>, consultado diciembre 2020).

M'Naghten [1843]. UKHL J16 House of Lords (see: <http://e- lawresources.co.uk/M%-27Naghten.php>, consultado diciembre 2020).

Nielsen, K. (1984). 'Why should I be moral? Revisited', *American Philosophical Quarterly*, 21(1), pp. 81–91.

Pannenberg, W. (1998). 'The historical Jesus as a challenge to Christology', *Dialog*, 37(1), pp. 22–7.

Post-truth world, the, briefing (2016) 'Yes, I'd lie to you', *The Economist*, 10 eptiembre (disponible online en: <www.economist. com/briefing/2016/09/10/yes-id-lie-to-you>, consultado diciembre 2020).

Scruton, R. (2014). 'Humans' hunger for the sacred: Why can't the New Atheists understand that?', *The Spectator*, 31 mayo (disponible online en: <www.spectator. co.uk/article/humans-hung disponible online en er-for-the- sacred-why-can-t-the-new-atheists-understand-that>, consultado diciembre 2020).

Skiena, S. y Ward, C. B. (2013). 'Who's biggest? The 100 most significant figures in history', *Time Magazine*, 10 diciembre (disponible online en: <https://ideas.time.com/2013/12/10/whos-biggest-the-100-most-significant-figures-in-history>, consultado diciembre 2020).

StatusofMind campaign (disponible online en: <www.rsph.org.uk/ our-work/campaigns/status-of-mind.html>, consultado diciembre 2020).

Stewart, N. (2016). 'Swipe right for negative self-perception says

research into Tinder users', *The Guardian*, 4 agosto (disponible online en: <https://theguardian.com/science/2016/aug/04/swipe-   right-for-negative-self-perception-says-research-into-tinder-users>, consultado diciembre 2020).

Wehner, P. (2019). 'David Brooks's journey toward faith', *The Atlantic*, 7 mayo (disponible online en: <www.theatlantic.com/ ideas/archive/2019/05/second-mountain-brooks-discusses-his- faith/588766>, consultado diciembre 2020).

Wright, N. T. (2014). 'Only love believes: The resurrection of Jesus and the constraints of history', *ABC*, 17 abril (disponible online en: <https://abc.net.au/religion/only-love-believes-the-resurrection-of-jesus-and-the-constraints/10099298>, consultado diciembre 2020).